비판적 사고와 토론

저자 소개(가나다 순)

구연상　구자황　김병구　김병길　김응교　박승억　박영욱　박정일　서정혁　신희선
이광모　이명실　이선옥　이승훈　이은자　이정옥　이황직　조용길　표정옥　황영미

비판적 사고와 토론

초판 1쇄 발행 2018년 2월 20일
초판 2쇄 발행 2019년 2월 20일
초판 3쇄 발행 2020년 2월 10일
초판 4쇄 발행 2021년 2월 5일
초판 5쇄 발행 2022년 2월 15일

지 은 이 숙명여자대학교 기초교양학부
펴 낸 이 이대현
책임편집 이태곤
편　　집 문선희 권분옥 임애정 강윤경
디 자 인 안혜진 최선주 이경진
마 케 팅 박태훈 안현진

펴 낸 곳 도서출판 **역락** / 출판등록 1999년 4월19일 제303-2002-000014호
주　　소 서울시 서초구 동광로46길 6-6 문창빌딩 2층 (우06589)
전　　화 02-3409-2058 / 팩스 02-3409-2059
홈페이지 www.youkrackbooks.com / 이메일 youkrack@hanmail.net

ISBN 979-11-6244-128-2 93800

- 정가는 뒤표지에 있습니다.
- 잘못된 책은 바꿔드립니다.

Critical Thinking

Discussion

비판적 사고와 토론

숙명여자대학교
기초교양학부

역락

머리말

　　정보화 시대의 도래와 함께 현대인들의 의사소통에도 많은 변화가 일고 있다. 특히 인터넷 매체의 등장과 함께 트위터, 페이스북 등 SNS 문화가 보편화되면서 개인들의 의사 표현 행위는 전례 없이 활발해졌다. 그러나 그와 같은 외적인 확대가 반드시 질적인 측면에서 발전적인 의사소통 문화의 형성으로 이어졌다고 보기 어려운 현상들도 나타나고 있다. 예컨대 같은 공간에 있으면서도 직접적인 대화가 아닌 카톡이나 페이스북에 의존하여 소통을 꾀하는 기이한 장면들이 벌어지고 있는 것이다. 과연 오늘날 우리는 진정 합리적인 의사소통을 통해 일상의 삶을 영위하고 있는가.

　　대한민국은 변화에 대단히 민감한 사회다. 짧은 시간에 고도의 경제성장을 이루었고, 그와 함께 가족 형태 역시 급격한 변화를 겪고 있다. 반세기 전만 해도 상상할 수 없었던 다문화와 고령화 사회로 들어선 지는 이미 오래다. 그뿐만 아니라 우리는 이른바 4차 산업혁명 사회로의 진입을 현실로 마주하고 있다. 그 과정에서 세대, 계층, 지역, 그리고 성 갈등 등 수많은 대립이 사회적 과제로 대두되기에 이르렀다. 이와 같은 문제들을 해결하기 위해서는 사회구성원들 간의 합리적인 의사소통이 전제되어야 하거니와, 비판적 사고가 바로 그 바탕이 되어야 할 것이다.

비판적 사고 능력은 타인의 의견을 먼저 경청하는 자세로부터 싹틔울 수 있다. 동시에 자신의 견해를 객관화할 때 비로소 온전히 체득할 수 있다. 최근 인공지능의 급속한 발달을 지켜보면서 우리는 비판적 사고 능력의 중요성을 새삼 절감하게 되었다. 인공지능은 우리의 일상 곳곳에 침투하여 정보 전달의 수월성을 비약적으로 높였다. 그러나 이는 엄밀히 말해 의사소통 능력의 확장이라 할 수 없다. 인간만이 행할 수 있는 비판적 사고 능력이 거기에는 결여되어 있기 때문이다. 의사소통은 인공지능이 연산 작용으로 간단히 처리할 수 있는 단순한 일이 결코 아니다. 4차 산업혁명 시대에 때론 상충하고 때론 중첩될 수도 있는 막대한 양의 정보들을 선별하고, 각각의 정보들이 지닌 미세한 결의 차이를 감별하여 판단하는 능력이 바로 비판적 사고인바, 이는 인공지능이 아닌 인간의 몫이 될 수밖에 없다. 이러한 비판적 사고 능력을 갖기 위해서는 일정 기간 의식적인 훈련을 거쳐야 한다. 그 구체적인 훈련의 무대 가운데 하나가 다름 아닌 토론 학습이다.

이 책은 말 위주의 의사소통 능력 중에서 공적 말하기 능력을 기르기 위한 비판적 토론에 중점을 두고 있다. 2006년과 2011년 『발표와 토론』 교재에서 발표와 토론을 균등하게 강조했던 것과 달리 이 책은 비판적 토론에 더 많은 무게를 싣고 있다. 대신 공적 말하기의 중요한 부분 중 하나인 발표 부분은 부록을 통해 학습이 이루어지도록 새로운 배치를 꾀했다. 따라서 비판적 사고와 토론의 논리가 어떻게 결합되어 공적 말하기로 이어지고 있는지가 이 책의 전면에 자리하게 되었다.

이 책은 〈비판적 사고와 토론〉이라는 교과를 효율적으로 운영하기 위해 그간 많은 선생님들이 수업 현장에서 느낀 문제점을 토대로 그 대안을 찾아 모색한 결과물이다. 기존의 〈글쓰기와 읽기〉와 〈발표와 토론〉 교과를 〈융합적 사고와 글쓰기〉와 〈비판적 사고와 토론〉으로 개편하면서 합리적이고 비판적인 의사소통이 더욱 중요해진 우리사회의 변화와 요구에 최대한 부응하려 한 것이다. 4차 산업혁명 시대에는 우리가 예상하지 못한 일들이 벌어질 것이라고 말한다. 인공지능이 인간을 대체하여 마침내 지배할 것이라는 우려의 목소리도 있다. 또 다른 한편에서는 창의적인 인간의 고유한 능력에 기반을 둔 일들만 살아남을 것이라고도 말한다. 이 책이 '비판적 사고'를 누차 강조한 것은 이와 같은 미래의 두려움을 능동적으로 앞서 극복할 수 있는 능력이 학습자들에게 절실히 필요하다는 판단에서다. 시세의 변천도 모르고 낡은 것만 고집하는 각주구검(刻舟求劍)의 어리석음을 버리고, 옛것과 새것을 새로 익히며 그것을 통하여 미래를 이해하려는 21세기 온고지신(溫故知新)의 자세를 학습자들이 익히도록 하는 데 이 책의 궁극적인 바람이 있는 것이다.

차례

머리말 5

제1부
의사소통 능력과 공적 말하기

01. 의사소통 능력과 비판적 사고
- 의사소통 문화의 현주소   15
- 비판적 사고와 의사소통 활동   18
- 의사소통 능력 기르기의 목적   20

02. 공적 말하기의 이해
- 공적 말하기란 무엇인가   23
- 공적 말하기의 구성 요소   25

제2부
비판적 사고와 토론의 논리

01. 비판적 사고
- 비판적 사고란 무엇인가   31
- 비판적 사고의 필요성   40
- 비판적 사고력 기르기   41

02. 토론의 논리
- 토론과 논증   45
- 논증의 구성   48
- 논증의 평가   51
- 비판과 반론   53
- 불일치의 종류   60
- 오류의 유형   63

제3부
비판적 사고와 토론의 실제

01. 토론의 이해
토론의 정의	71
토론의 목적	73
토론의 윤리	75
토론의 유형	77
토론 참여자의 자세와 역할	78

02. 토론의 준비
논제 선정	88
논제의 유형	91
논점 분석	95
자료 조사	103
토론 개요서 작성	118

03. 토론 실행의 방법
진행 절차	123
입론 구축의 원칙	125
반론 및 재반론하기	133
확인질문하기	140
최종발언하기	144
숙의시간 활용하기	145
토론 평가하기	146

부록 1
발표의 유형

01. 발표
발표의 이해	153
발표의 종류와 전달 방법	155
효과적인 발표의 조건	157
청중 분석	160

02. 자기소개
자기소개란 무엇인가	165
상황 설정하기	166
내용 구성 및 자기소개하기	167
평가하기	169

03. 프레젠테이션
프레젠테이션이란 무엇인가	170
프레젠테이션의 과정	171
프레젠테이션 실행하기	177
평가하기	177

부록 2
토론 방식 유형

01. '숙명토론대회' 방식
특징　　　　　　　　180
역대 논제　　　　　　181
진행 순서　　　　　　183

02. 칼 포퍼식
특징　　　　　　　　186
진행 순서　　　　　　188

03. 세다(CEDA)식
특징　　　　　　　　189
진행 순서　　　　　　191

04. '숙명독서토론대회' 방식
특징　　　　　　　　　192
일반적 토론과 독서토론　194
독서토론의 방법　　　　196
진행 순서　　　　　　　199

참고문헌　　205

제1부

의사소통 능력과 공적 말하기

01
의사소통 능력과 비판적 사고

의사소통 문화의 현주소

사람은 자신의 능력을 확장하고 증진시키기 위해 도구를 만들어 사용한다. 그 도구 가운데 오늘날 가장 널리 사용하는 것 중의 하나가 컴퓨터다. 이 컴퓨터의 구조는 사람의 뇌를 닮아 있다. 사람의 뇌 기능을 본뜬 컴퓨터는 크게 세 가지 기능을 수행하는 장치들로 이루어져 있다. 무엇인가를 인식하고 처리하고 표현하는 장치들이 그것이다. 이러한 사실은 거꾸로 사람의 주된 활동이 '인식하고 처리하고 표현하는 일'이라는 것을 말해준다. 따라서 이 활동들을 원활히 수행할 때, 비로소 사람으로서의 능력과 자격을 갖추게 된다. 이 활동들은 사물과 접촉하고 타자(他者)와 소통하는 일로서 이를 활발히 수행하고 촉진시킬 때, 우리는 공동체의 삶을 발전시킬 수 있다.

무엇인가를 인식하고 처리하고 표현하는 활동에는 입력과 출력, 사고와 표현, 이해와 전달 등이 있다. 문맥에 따라 다소 차이는 있으나, 이러한 활동은 일반적으로 의사를 '형성'하고 '소통'하는 행위로 수렴된다. '의사소통'이라고 하면 흔히 '소통'에만 주목하기 쉽다. 그런데 표현할 것을 형성하는 일과 그것을 표현하는 일은 분리하기 어려울 뿐만 아니라 분리하는 것 역시 바람직하지 않다. 또한 내용이 빈약할 경우 좋은 표현이 이루어지기 어렵고, 표현이 이루어졌다 하더라도 그것을 '좋은 표현'으로 보기 어렵다. '표현은 좋으나 내용이 부족하다'는 말은 지극히 모순적이다. 따라서 진정한 의사소통을 위해서는 소통할 것을 마련하는 국면과 그것을 전달하고 교환하는 국면 모두를 동시에 고려해야 한다.

의사소통의 매체 가운데 대표적인 것이 언어다. 의사소통을 위해서는 이 언어능력이 우선적으로 필요한데, 단지 어법을 익히는 데 그쳐서는 안 되며 생각하고 느끼는 힘(사고력, 감수성)을 함께 길러야 한다. 우리 사회는 이 의사소통 행위와 그에 필요한 언어능력, 그리고 그것을 향상시키는 교육 등에 놀랄 만큼 관심이 적다. 실제로 많은 이가 '글 쓰고 말하는 능력은 타고나는 것'이라든가 '말이야 어떻게 하든 그리 중요하지 않다'는 생각을 갖고 있다. 학교 교육에서마저 언어나 언어로 이루어진 지식만 중시하고 그것을 부려 쓰는 능력을 기르는 데는 매우 소홀하다. 국어 사용자 가운데 고급의 국어능력을 지닌 이가 적고, 문자맹(文字盲)은 적은 반면 말과 글의 의미를 제대로 헤아릴 줄 모르는 문의맹(文意盲)은 많다. 독해력이라는 단어가 외국어 교육 시간에 한정적으로 쓰이고 있는 현실이 이를 단적으로 보여준다. 그 결과 사회구성원의 생각과 지식이 축적되지 못하고, 이해관계를 조정하는 데 미숙해 상당수의 갈등이 폭력적 상황으로 번지는 것을 볼 수 있다. 이러한 사회문화에서는 세련된 의사소통 문화와 학문의 발달을 기대하기 어렵다.

우리 사회의 의사소통 문화가 이처럼 취약한 데는 여러 원인이 있다. 우리 사회는 전통적으로 언어활동 자체에 대한 연구와 교육을 중요시 하지 않았다. 개성과 내면의 능력을 기르는 일을 교육계는 등한시했으며, 정치문화는 권위주의적인 풍토를 벗어나지 못했다. 한마디로 수평적 인간관계 속에서 주체적으로 살아가는 인간을 기를 수 있는 환경이 마련되어 있지 않은 것이다. 이때문에 의사소통에 대한 관심은 적을 수밖에 없었다. 그리고 그와 관련된 문화도 발달하지 못했던 것이다. 따라서 지금에라도 그와 같은 문화를 개선하는 데 힘을 기울여 진정한 자유와 조화를 누리는 사회를 구현해야 할 것이다.

연습 한국사회의 의사소통 문화가 과거와 비교할 때 어떻게 달라지고 있는지 생각해보자.

비판적 사고와 의사소통 활동

의사소통의 대표적 매체는 말(언어)이다. 말은 음성을 쓰는 입말(음성언어)과 문자를 쓰는 글말(문자언어)로 나뉜다. 입말을 가지고 하는 활동은 듣기와 말하기며, 글말 활동은 읽기와 쓰기다. 글말 혹은 글말 활동의 결과와 입말 혹은 입말 활동의 결과는 대개 공적(公的)인 것과 사적(私的)인 것으로 구분된다. 따라서 이 말을 사용하는 의사소통 활동 역시 사적인 활동과 공적인 활동으로 나누어 볼 수 있다.

사적이든 공적이든 의사소통 활동을 할 때 상대방이 제시하는 이야기나 주장을 아무런 생각 없이, 즉 무비판적으로 수용한다면 이는 주체적인 인간의 자세로 볼 수 없다. 주체적인 인간은 자신에게 주어진 어떤 생각이나 주장에 대해서 과연 그것이 사실이며 진리인지, 또 그러한 주장의 근거가 타당하고 설득력 있는지를 끊임없이 묻는 존재다. 때문에 주체적인 인간에게는 권위주의와 전체주의가 틈입할 여지가 없다. 주체적인 인간들이 조화를 이루어 진정한 자유를 누리는 사회가 곧 민주주의 사회다. 이처럼 주체적인 인간이 상대방의 생각이나 주장, 사회적 통념에 대해서 끊임없이 묻고 그 정당성을 판단하여 적극적으로 받아들이는 사고가 비판적 사고다. 비판적 사고는 궁극적으로 건강하고 건전한 의사소통 활동을 가능하게 만드는 바탕이 됨으로써 주체적인 인간이 민주주의 사회를 앞당기는 데 기여할 것이다.

이 책은 주로 비판적 사고와 토론이라는 의사소통 활동에 대해 다루고 있다. 이를 위해 먼저 논의를 좁히고 구체화하여 비판적 사고와 토론의 기본 성격을 확인해 볼 것이다. 우리는 입말이든 글말이든, 또 역사적으로 존재했던 실제 모습이 어떠하든 관계없이 말 일반의 양식을 구별할 수 있다. 그 양식은 학문 영역에 따라 다소 차이는 있으나 일반적으로 설명, 논증, 묘사, 서사로 구분된다. 이는 특정한 글의 종류나 갈래를 가리키는 용어에 그치지 않고 모든 언어 행위 및 그 결과를 갈래짓기 위한 '이론적' 양식에 해당한다. 이들 용어에 내포된 개념에 근거하여 보면, 토론은 이 네 가지 양식을 두루 활용한 말하기라 할 수 있다. 그 가운데 논증의 역할이 가장 큰 비중을 차지한다. 토론은 논증 중심의 양식으로 동일한 문제를 서로 다르게 바라보는 토론 참여자가 가장 효과적인 해결책을 찾는 데 그 목적이 있다. 이러한 토론은 공적인 입말 활동의 대표적인 것으로서, 논증과 설득 및 이해 위주의 비판적 의사소통 활동이라 할 수 있다.

그러나 토론에 관한 위와 같은 정의를 의사소통 행위의 표면적 모습 혹은 그에 사용되는 언어적 특성에만 한정하여 이해해서는 곤란하다. 문이 집에 드나드는 통로이자 집 자체이듯이, 말은 매체이자 행위이며 도구이자 결과요 본질이다. 그리고 언어 능력을 기르는 일은 사고력과 정서적 능력을 신장시키기 위한 훈련이기도 하다. 토론에 사용되는 언어를 하나의 도구나 정적(靜的)인 결과로만 여기면, 말하는 행위 전체를 동적(動的), 입체적으로 파악하기 어려워진다. 토론은 청중, 토론자, 토론거리(주제, 논점, 논거, 자료) 등 그 구성요소들이 한데 어우러진 가운데 일어나는 내·외의 활동 전반의 문맥에서 이해되어야 한다. 예를 들어 토론이 논증 중심의 양식이라 함은 그에 사용된 언어가 그러한 특징을 지녔다는 뜻이기도 하지만, 특정 논제를 놓고 특정한 시간과 장소에서 자기의 주장을 상대편에게 설득하여 관철하기 위해 벌이는 내·외면에 걸친 논증 활동 전체를 뜻하는 것이기도 하다. 토론에 관한 이 같은 정의를 수용하게 될 때, 우리는 훨씬 구체적인 활동을 준비하고 수행하며, 그 과정에서 무엇을 어떻게 개선해 가야 할지를 정확히 분별하여 이해할 수 있게 될 것이다.

의사소통 능력 기르기의 목적

우리 사회는 의사소통 문화가 전반적으로 낙후되어 있다. 우리 사회 구성원들은 글말에 비해 입말에 대한 이해가 부족하다. 특히 설득과 논증 위주의 비판적 언어능력 기르기의 경험은 극히 미미하다. 대다수의 사람들이 새로운 논리를 합리적으로 전개하기 위한 언어 능력 습득보다는 정서 위주의 언어 표현 사용에 젖어 있는 경우가 많다. 공적인 사안에 대해 최선책을 찾으려는 비판적 논쟁보다는 사적인 감정 토로를 즐기는 경향이 지배적인 것이다. 그러다 보니 공중 앞에 서기를 두려워하고, 공적인 인간관계 맺기에도 취약하다. 심지어 민주적 절차에 따라 타협하는 것을 패배나 배반으로 받아들이기도 한다. 그러나 이러한 태도가 더 이상 용인되어서는 안 될 것이다. 이제 우리는 세계화, 정보화 및 다문화로 불리는 사회, 즉 정보를 공유하며 서로를 이해하고 평등하게 문제를 해결해야 하는 사회적 조건 속에서 살아가야 하기 때문이다.

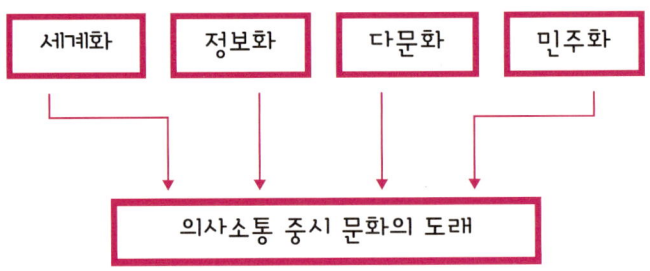

세계화는 국가 간 경계를 넘어 협력과 교류, 외교와 거버넌스가 중요한 시대로 우리를 이끌고 있다. 이는 세계질서가 더 이상 무력이나 강압에 의해서 작동되는 것이 아니라 이해와 공감, 협력을 통해 움직여 감을 의미한다. 또한 현대사회는 무형의 자산인 정보 및 지식의 보유와 이의 활용 여부에 따라 개인과 조직, 국가의 가치가 결정되는 지식정보화 사회이기도 하다. 이에 다양한 출처로부터 정보를 얻고 방대한 양의 정보를 객관적으로 평가하며 결정적인 정보를 선택하여 다른 사람들이 이해할 수 있도록 전달하는 능력이 높이 평가되기에 이르렀다.

한국사회는 더 이상 단일한 민족공동체가 아니다. 다양한 인종과 언어, 성, 문화적 정체성을 지닌 구성원들이 함께 존재하는 다문화사회로 진입한 지 이미 오래다. 다른 문화와 언어를 사용하는 인종이나 민족의 사회적 비중이 확대되면서 개인 및 집단 간 차이를 받아들이고 타자를 배려하며 다른 문화권에 대한 열린 이해의 자세로 살아가야 하는 이 다문화시대를 맞아 의사소통 능력은 더욱 중요해지고 있다. 의사소통 능력을 키우는 일은 단순히 언어 사용 요령이나 예절을 익히는 데 그치지 않는다. 개인을 성숙시키고 학문의 기본 역량을 기르며, 지도자적 역량을 지닌 시민으로 발전시키는 일인 동시에 민주적이고 문화적으로 세련된 사회를 이룩하는 일인 것이다. 따라서 이 책에서는 비판적 사고와 토론을 중심으로 공적 말하기 능력을 기르는 데 궁극적인 목적을 둘 것이다. 그리고 그 하위 목표로 다음과 같은 항목을 설정하여 이를 학습의 지표로 삼고자 한다.

- 진실을 추구하며 타인을 존중하고 섬기는 가치의식과 태도를 배운다
- 논리적·창의적으로 인식하고 생각하는 능력을 기른다
- 바르고 설득력 있게 표현하는 능력을 기른다
- 비판적 사고와 토론에 필요한 지식을 쌓고 그 요령을 익힌다

연습 비판적 사고와 토론 수업을 통해 기르려는 개인적 차원의 능력은 무엇인지 논의해보자.

02
공적 말하기의 이해

공적 말하기란 무엇인가

우리는 깨어나 잠이 들 때까지 말과 더불어 생활한다. 가족, 친구, 선후배, 직장동료, SNS 유저 등 많은 사람들과 말을 주고받으며 일상을 영위하는 것이다. 또한 지하철의 안내방송, 텔레비전과 라디오 방송, 신문, 인터넷 보도, 유튜브 등 여러 매체를 통해 타인과 다양한 방식의 의사소통을 수행한다. 말하기는 이러한 의사소통 행위의 하나로서, 크게 사적 말하기와 공적 말하기로 구분된다. 그 기준은 무엇인가?

첫째, 말하기에서 다루는 주제나 문제가 사적이냐 아니면 공적이냐 하는 점이다. 예를 들어 서현과 서준이 커피숍에서 마주앉아 서로 어떤 음악을 좋아하는지 말하고 있다면, 이는 사적 말하기에 해당한다. 서현과 서준이 어떤 음악을 좋아하느냐는 취향의 문제가 전적으로 사적인 영역에 속하기 때문이다.

둘째, 말하기와 듣기 상황이 사적인 상황이냐 아니면 공적인 상황이냐 하는 점이다. 예를 들어 두 사람이 한 방에서 대화를 나누었다고 해도, 면접을 보거나 회의를 했다면 이는 공적 말하기에 속한다. 또한 총학생회장의 발언, 교수의 강의, 아나운서의 인터뷰 등은 기본적으로 공적인 상황에서 이루어지는 것이기에 공적 말하기라 할 수 있다.

이 책에서는 공적 말하기에서 가장 중요하게 손꼽히는 토론을 비판적 사고와 함께 다루고자 한다. 토론은 두 명 이상의 사람이 특정 문제나 쟁점에 대해 근거와 함께 주장을 제시하면서 서로 의견을 교환하는 행위다. 대통령과 국무위원들이 행하는 국무회의, 국회에서 국회의원들이 법안을 심의하는 과정, 법정에서 검사와 변호사가 공방을 벌이는 과정, 세미나에서 학자들 간의 학문적인 논쟁 과정, 기업에서의 회의 등은 모두 어떤 주장을 통해 최선의 해결책을 찾는 과정에서 상대방이나 참여자들을 설득하는 토론에 해당한다.

연설, 강연, 강의 등의 전형적인 발표와 유사하게 여러 사람이 함께 토론할 때도 참여자 각자는 자신의 견해를 비판적 사유에 근거해 일종의 발표 형식으로 발언하게 된다. 그러한 측면에서 보자면 토론은 여러 발표들이 한데 모여 이루어지는 공적 말하기라 할 수 있다.

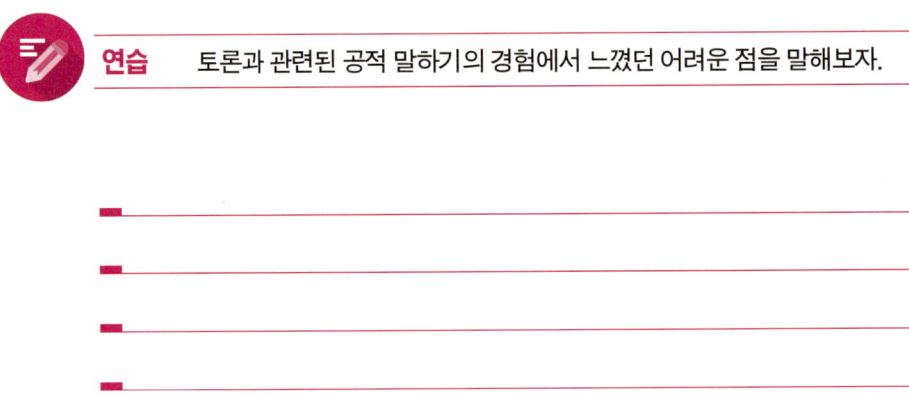

연습　토론과 관련된 공적 말하기의 경험에서 느꼈던 어려운 점을 말해보자.

공적 말하기의 구성 요소

사적 말하기와 마찬가지로 공적 말하기의 의사소통 상황에서 효과적으로 자신의 주장과 생각을 타인에게 전달하기란 쉽지 않다. 아무리 훌륭한 아이디어와 독창적인 생각을 가지고 있다고 하더라도, 이를 제대로 전달하지 못한다면 그 생각은 아무 소용이 없을 것이다. 또 아무리 합리적이고 타당한 주장이라 할지라도, 호소력과 설득력을 갖지 못하면 좋은 말하기라고 할 수 없다.

넓은 의미에서 레토릭(rhetoric)이란 어떤 주어진 목적을 달성하기 위해 효과적인 말하기나 글쓰기에 필요한 방법이나 원리를 탐구하는 학문을 일컫는다. 이는 어떻게 하면 효과적으로 말을 잘 할 수 있는지와 관련하여 '말을 부리고 다듬는 법'을 연구하는 학문이라는 뜻을 지닌 '수사학(修辭學)'으로 번역되기도 한다. 레토릭이란 본래 고대 그리스 사회의 법정 싸움에서 효과적으로 변론하기 위해 사용되었던 말하기 기술을 뜻하는 용어였다. 아리스토텔레스에 따르면, 이 레토릭은 '모든 경우에 유용한 설득 수단을 분별하는 기술'로 정의된다. 즉, 설득의 방법을 다루는 기술이나 학문이라는 의미다. 여기에서 가장 중요한 핵심어는 '설득'이다. 레토릭을 좁은 의미에서 설득에 관한 학문이라고 정의하는 이유도 이러한 맥락에서다.

사람을 설득하기 위해서는 단순히 논리적인 정합성만을 갖춘다고 되는 것이 아니다. 거기에는 감정의 교감이 있어야 하며 동시에 인간적 신뢰감도 있어야 한다. 따라서 설득에 관한 학문으로서의 수사학은 논리적 측면인 로고스(logos)와 청자의 정서적 측면이라 할 파토스(pathos), 그리고 화자의 윤리적 측면인 에토스(ethos)를 그 구성요소로 삼는다. 여기서 로고스란 자신의 주장을 타당한 근거와 자료를 통해 정당화하는 논리적 측면의 정합성을 갖추어 말하는 것을 뜻한다. 파토스는 말을 할 때 청중의 성향과 정서적 심리를 고려하여 표현하는 것을 말하며, 에토스는 말을 하는 이에 대한 청중의 신뢰와 관련된다. 화자가 정직한가, 호감을 주는가, 믿을 만한가의 여부는 설득력에 큰 영향을 미친다.

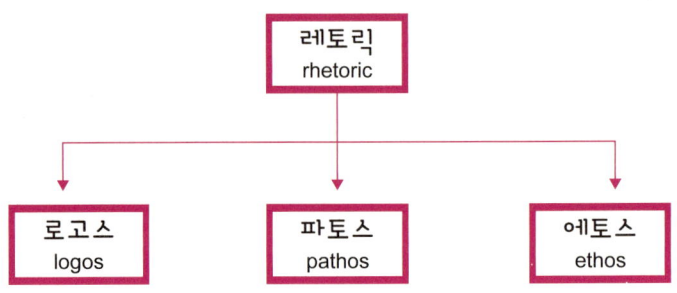

그렇다면 효과적으로 말하기 위해서, 또는 상대방이나 청중을 설득하기 위해서 어떻게 말해야 하는가, 그리고 이를 어떻게 준비해야 하는가? 이러한 물음은 매우 포괄적이다. 공적인 말하기의 상황이 대단히 다양하고 복잡한 양상을 띠기 때문이다. 따라서 보다 분명한 답을 찾기 위해 공적 말하기를 유형별로 분류해 볼 필요가 있다.

공적 말하기는 그 양상이 다양하고 복잡하다 할지라도 기본적으로 화자, 청자, 상황 및 목적, 내용, 소통방법의 다섯 가지 구성요소를 포함한다. 이 요소들은 우리가 이미 알고 있는 육하원칙(누가, 언제, 어디서, 무엇을, 어떻게, 왜)과 밀접한 관련이 있다.

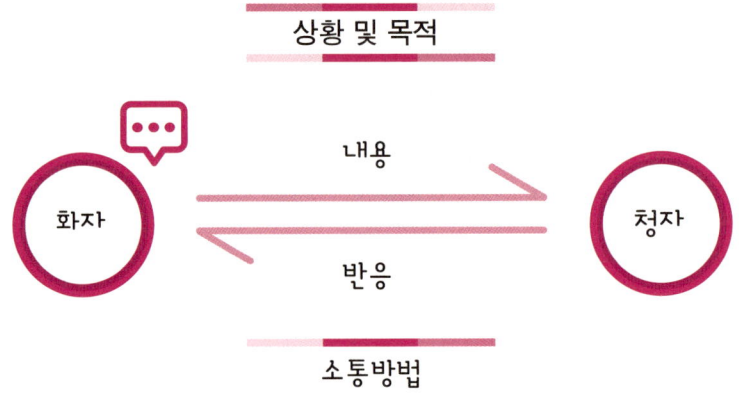

우리는 대중 앞에서 멋지게 토론을 잘 하는 논객을 보면서 그 사람들은 원래부터 그렇게 훌륭한 자질을 타고난 것이라고 생각하는 경향이 있다. 그러나 토론 능력은 부단한 비판적 사고 훈련을 통해서 점진적으로 발전하는 절차적 지식의 습득과 관련이 깊다. 오랜 시간을 들여 거듭 연습을 하다보면 자신도 모르는 사이에 자연스럽게 토론 능력이 향상될 수 있다는 말이다.

공적 말하기의 구성 요소를 중심으로 토론의 과정과 원리를 이해하게 되면 훨씬 더 효과적으로 토론을 준비하고 훈련할 수 있다. 이 책에서는 토론에서 화자와 청자의 역할이 무엇인지, 어떤 상황에서 어떤 목적을 가지고 어떻게 수행해야 하는지, 그리고 어떤 내용을 어떻게 마련하여 어떤 방법으로 표현해야 하는지에 대해 구체적으로 살펴볼 것이다.

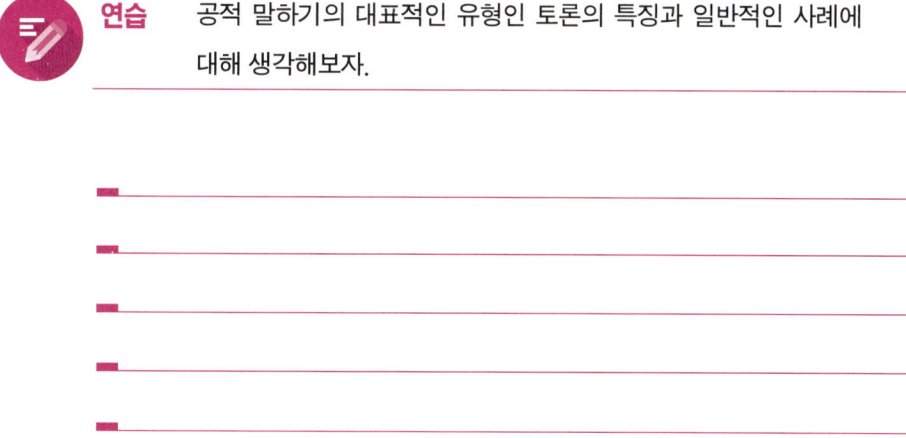

연습 공적 말하기의 대표적인 유형인 토론의 특징과 일반적인 사례에 대해 생각해보자.

제2부

비판적 사고와 토론의 논리

01
비판적 사고

비판적 사고란 무엇인가

우리는 여러 매체를 통하여 다양한 뉴스를 접한다. 그 중에서도 흉악 범죄, 테러, 기업의 갑질 행위 등 사회정의에 위배되는 뉴스를 접하면 때로는 분노하면서 "어떻게 그럴 수 있지?", "어떻게 그런 일이 가능하지?" 하고 의문을 던진다. 우리는 그러한 일이 일어난 원인뿐만 아니라 그러한 일을 가능케 했던 사람들의 생각과 의도가 무엇인지 생각하게 된다. 그러면서 우리는 그러한 생각과 의도가 결코 옳을 수 없다고 생각한다. 이는 어떤 사회현상을 우리가 비판적으로 바라보고 있다는 것을 뜻한다. 이렇듯 일상생활에서 주체적인 인간은 의사소통 활동을 하면서 수많은 상황과 맥락에 대해 비판한다. 그렇다면 비판한다는 것은 무엇인가?

비판(批判)한다 함은 비교 및 평가하고(批) 판단함(判)을 뜻한다. 다시 말해 옳고 그름이나 좋고 나쁨을 가르고(批) 판정함(判)을 뜻하는 것이다. 이는 "criticism"(비판)이라는 말의 어원인 그리스어 "krino"도 마찬가지다. krino란 원래 '나누다'(separate), '구분하다'(distinguish), '결정하다'(decide), '선택하다'(choose)라는 의미를 지닌다. 즉, 비판(criticism)이란 적절하게 구분하고, 구분한 것들을 비교 및 평가하면서 결정(판정)하는 것이다.

그렇다면 우리는 무엇을 비판하는가? 무엇을 우리는 적절하게 구분하고 비교 및 평가하면서 판정하는가? 요컨대 비판의 대상이란 무엇인가? 가령 우리는 이 책상을 비판할 수 있는가? 이 칠판을 비판할 수 있는가? 그렇지 않다. 그러한 물리적 대상들은 우리의 비판의 대상이 아니다. 그렇다면 우리는 강아지나 호랑이를 비판하는가? 또는 호랑이가 사슴을 잡아먹는 것을 비판하는가? 아니다. 그러한 생물학적 대상들이나 현상들은 우리의 비판 대상이 아니다. 이로부터 우리는 비판을 할 때 비판의 대상이 되는 것은 물리적인 대상이나 현상도 아니요, 생물학적 대상이나 현상도 아니라는 것을 알 수 있다. 즉, 비판의 대상은 오직 인간과 같은 이성적인 존재와 관련이 있는 것이다.

우리는 세미나에서 어떤 학자가 다른 학자를 비판했다는 이야기를 듣는다. 일반적으로 우리는 어떤 이유로 다른 사람을 비판하기도 한다. 그러나 우리가 그 사람을 비판한다고 할 때, 우리는 무엇을 비판하는가? 앞에서 지적했듯이, 그 비판의 대상은 그 사람의 물리적인 측면도 아니고 생물학적인 측면도 아니다. 우리가 비판하는 것은 바로 그 사람의 행위나 생각인 것이다. 그런데 그 사람의 행위를 비판하는 경우 우리가 비판하는 것은 그 사람의 행위가 적절하지 않다는 것이며, 결국 우리는 그러한 행위를 한 그 사람의 의도나 생각을 비판하는 것이다.

또한 우리는 어떤 사건이나 사태, 더 나아가 사회적 현상과 사회 체제 및 제도 등을 비판하기도 한다. 그러나 여기에서 그 비판의 대상은 그것들의 물리적인 측면도 아니고 생물학적 측면도 아니다. 오히려 우리는 어떤 사태에 대해 비판을 할 때 그 사태를 가능케 한 사람들의 의도와 생각을 비판한다. 마찬가지로 어떤 사회체제나 제도에 대해서 비판할 때 우리가 문제 삼는 것은 그 사회에서 당연한 것으로 받아들이거나 고착화된 생각들이다. 그렇기 때문에 비판의 대상이 되는 것은 좁게는 한 개인의 생각이며, 넓게는 어떤 집단이나 공동체가 명시적으로 또는 암묵적으로 받아들이고 있는 생각이다. 그러한 생각은 명시적으로 드러난 생각과 이를 뒷받침하는 생각들로 이루어져 있다. 다시 말해 그러한 생각은 주장(결론)과 근거(전제)로 이루어지는 논증의 형태를 띠고 있는 것이다. 그러나 실제로 그러한 논증은 대부분 우리에게 명시적으로 주어지지 않는다. 그렇기 때문에 우리는 어떤 사람이 왜 그러한 행위를 했는지, 왜 그러한 사회적 현상이 일어났는지, 왜 그러한 사회 제도가 정당하다고 용인되고 있는지를 끊임없이 질문해야 한다.

그렇다면 왜 우리는 타인의 생각이나 믿음, 또 어떤 이론이나 사회적 통념 등을 비판하는가? 왜 우리는 그러한 생각들을 개념, 가정, 관점, 판단의 근거, 주장 등으로 구분하고, 이를 비교 및 평가하면서 판정하는가? 비판 없이, 다시 말해 무비판적으로 그러한 생각이나 이론들을 받아들이는 것은 바람직하지 않을 뿐만 아니라 주체적으로 자신의 삶을 살아가는 것에 위배되기 때문이다. 예컨대 20세기 초반까지만 해도 남성이 여성보다 우월하다는 사회적 통념이 지배적이었다. 만일 이러한 통념을 여과 없이 받아들이면 어떻게 되는가? 그러면 여성들이 차별받는 것은 당연시되고 여성에 대한 사회적 억압은 공고화될 것이다. 이는 민주주의 원리에 위배된다. 또한 중세를 지배했던 천동설을 무비판적으로 받아들였다면 자연과학의 발전은 가능하지 않았을 것이다. 요컨대 우리는 비판을 함으로써 사회적 정의와 진리로 나아간다. 그뿐만 아니라 개인적으로는 무비판적인 생각을 지양함으로써 스스로 판단하는 주체적 삶을 영위할 수 있다.

비판적 사고(critical thinking)란 이러한 비판의 가치를 중시하고 비판의 과정과 행위를 체화하고 실천하는 사고다. 비판적 사고는 타인의 생각이나 믿음, 그리고 이론이나 통념을 무조건 따지고 배척하는 것과는 거리가 멀다. 오히려 비교 및 평가를 통해 판정한 후에 그 생각이나 이론이 설득력 있다는 결론에 이르면 우리는 이를 수용하게 된다. 비판적 사고는 독단적 폐쇄주의와는 정반대의 사고로 공정하며 개방적인 사고인 것이다. 또한 우리는 자신이 지니고 있는 생각이나 믿음에 대해서도 과연 그것이 정확하고 옳은 증거 자료에 입각한 것인지, 그 근거는 타당하고 적절하며 설득력 있는지, 어떤 오류는 없는지 끊임없이 질문해야 한다. 비판적 사고는 타자를 향해 있는 것이면서 동시에 자기 반성적, 자기 성찰적 사고이기 때문이다.

그런데 명심할 것은 어떤 생각이나 이론을 구분하고 비교 및 평가하며 판정하는 기준이나 척도는 개인이나 집단, 또는 시대나 문화에 따라 상이할 수 있다는 점이다. 종교적인 문제에서와 같이 사람들의 근본적인 신념은 서로 다를 수 있으며, 토론이나 논쟁을 통해서 그러한 차이를 확인할 수 있을 뿐 불일치를 해소하는 것이 가능하지 않은 경우도 있다. 이러한 경우 우리는 무엇보다도 우리 삶의 공동체가 나아갈 방향을 염두에 두어야 한다. 바람직한 비판은 결코 우리 삶의 공동체를 파괴하는 것이어서는 안 된다. 우리의 삶을 더 조화롭고 풍요롭게 만드는 것이어야 한다. 우리의 구체적인 삶은 역사와 문화적인 맥락을 지니며, 그 속에서 서로 나누는 정서적 소통과 합리적인 생각들의 교환으로 이루어진다. 비판적 사고는 그러한 구체적인 삶의 현장 속에서 전개되는 현실적인 사고다.

비판적 사고의 한 가지 중요한 전제는 합리적인 의사소통이다. 이때 합리성의 기준이나 표준은 개인, 공동체, 그리고 문화에 따라 상이할 수 있다. 그러나 합리성의 기준이 다르다는 것이 곧 소통불가능하다는 것을 뜻하지 않는다. 근본적인 신념과 합리성의 기준이 다르더라도 우리는 합리적인 의사소통과 함께 비판적으로 사고함으로써 정의와 진리로 나아갈 수 있다. 바로 이것이 민주주의의 원리다. 비판적 사고는 주체적 삶을 영위하기 위한 필수 조건이며, 어떤 생각이나 이론을 공정하고 공평하게 받아들이려는 노력이고 다양성을 인정하는 개방적인 사고다. 또한 자기 자신에 대한 성찰을 가능하게 하는 자기 성찰적 사고이고, 공동체의 바람직한 방향을 문제 삼는 현실적인 사고다.

● **비판적 사고에 대한 여러 학자들의 정의를 비판적으로 음미해 보자.**

존 듀이(John Dewey) : "믿음을 지지하는 근거와 믿음으로부터 더 나아간 결론의 견지에서 믿음 또는 가설적 형태의 지식을 능동적이고, 지속적이고 주의 깊게 고려하는 것이다."(1909)

에드워드 글레이저(Edward Glaeser) : "자신의 경험의 범위 안에 들어오는 문제와 주제를 사려 깊은 방식으로 고려하고자 하는 성향적 태도, 논리적 탐구와 추리의 방법에 대한 지식, 그러한 방법을 적용하는 기량. 비판적 사고는 믿음을 지지하는 증거와 믿음으로부터 더 나아간 결론의 견지에서 믿음 또는 가설적 형태의 지식을 검토하려는 지속적인 노력을 요구한다."(1941)

리차드 폴(Richard Paul) : "변증법적 추론 능력을 일컬으며 이는 궁극적으로 개인적 편견과 그릇된 정보, 그리고 외적인 간섭 요인에 사로잡히지 않는 공정한 마음의 자세에 의한 합리적인 문제해결과 의사결정을 위한 것이다."(1984)

로버트 에니스(Robert Ennis) : "비판적 사고는 무엇을 믿고 무엇을 할 것인지에 관한 의사 결정에 초점을 맞춘 합당하고(reasonable) 반성적인 사고다."(1989)

마이클 스크리븐(Michael Scriven) : "비판적 사고는 관찰과 의사소통, 정보와 논증에 대한 숙련되고 능동적인 해석과 평가다."(1997)

미국철학회의 델피 보고서(Delphi Report) :
"우리는 비판적 사고가 해석, 분석, 평가, 추론 그리고 설명을 산출하는 의도적인 자기 규제적 판단이라고 이해한다. 그리고 해석, 분석, 평가, 추론 및 설명을 할 때 그 판단이 기초하고 있는 근거, 개념, 방법, 기준, 또는 맥락 등의 측면들을 고려한다.

비판적 사고는 탐구의 도구로서 필요 불가결하다. 비판적 사고는 교육에서 (무지의 족쇄로부터 벗어나 자유를 획득케 해주는) 해방적 힘이며 개인적, 시민적 삶에서는 위력을 지닌 자산이다. 비판적 사고는 '훌륭한 생각'과는 동의어가 아닌, 널리 퍼져 있는 자기 교정적인 인간 현상이다."(1991)

연습 다음 글을 읽고 왜 한나 아렌트가 아이히만이 저지른 행위를 '평범한 악'이라고 말했는지 생각해보자.

가

1962년 4월 11일 예루살렘의 법정은 갑자기 소란스러워졌다. "베스 하미스파스!" 법정 정리가 큰 소리로 외치자 세 명의 판사와 함께 모든 사람이 자리에 앉았다. 중간 정도의 체격으로 호리호리하며 중년으로 근시에다 희끗희끗한 머리를 하고 피고인석에 앉은 이는 아이히만(Otto Adolf Eichmann)이었다. 그는 유대인에 대한 범죄, 인류에 대한 범죄 및 나치스 통치 기간 특히 2차세계대전 동안에 전쟁 범죄를 저지른 것으로 기소되었다. 아이히만은 재판 과정에서 일관되게 자신의 행위가 나치 정권의 상부 명령에 복종하여 수행된 당연한 의무였다고 담담하게 말했다. 자신의 행위는 유대인에 대한 증오나 악한 동기를 갖고 의도적으로 행해진 것이 아니라는 것이다. 그는 자신이 직접 유대인을 죽인 적도 없고, 시오니즘(Zionism), 즉 유대 민족 운동에 반하는 이데올로기의 신봉자도 아니라고 주장했다. 오히려 자신은 시오니즘에 동의하였고 그랬기 때문에 유대인들을 유럽으로부터 탈출시키는 일을 사명처럼 하였다는 것이다. 그뿐만 아니라 전쟁 기간 중 독일국민의 한 사람으로서 한치도 양심에 어긋남이 없이 상부의 명령에 충실히 복종하였을 뿐만 아니라 유대인들을 기차에 태워 보내야 하는 공무원의 역할에 충실하였다고 그는 말했다. 15가지 항목으로 구분된 죄목 가운데 한 가지라도 유죄로 판결된다면 그 형은 사형이 된다. 그는 결국 4개월 간의 재판을 걸쳐 유죄 판결을 받은 후 1962년 6월 1일 처형되었다.

나

20세기의 탁월한 여성 정치철학자 한나 아렌트는 『뉴요커』 기자로 예루살렘에 파견되어 아이히만에 대한 재판 과정을 참관하고, 그에 대한 자신의 평가를 『예루살렘의 아이히만: 악의 평범성에 대한 보고서(Eichmann in Jerusalem : A Report on the Banality of Evil)』라는 책으로 출판했다. 아렌트는 아이히만에 대한 세간의 평가와는 다른 관점에서, 그의 행위를 그저 보통 사람의 평범한 행위로 간주하였다. 아렌트가 아이히만의 재판 과정을 지켜보면서 느낀 점은 아이히만은 지적인 능력이 부족한 것도 아니고, 가학적 사디스트와 같은 괴물도 아닌 그저 평범한 한 인간이라는 것이다. 그렇기 때문에 아렌트는 아이히만이 저지른 행위를 '평범한 악'(banality of evil)이라고 말한다. 이후 그녀는 『칸트 정치철학 강의』에서 다음과 같이 말한다. "비판적 사고는 또한 다른 사람에게서 듣게 되는 독단적 생각이나 개념들, 물려받는 편견이나 전통에만 적용되는 것이 아니다. 엄격하게 말하면 배워서 알게 된 자기 자신의 생각에 비판적 기준들을 적용함으로써 이루어진다. 이것이 비판적 사고의 방법이다. 그리고 이러한 적용은 공공성, 즉 다른 사람의 생각과 만날 때 발생하는 검사작용이 없다면 학습될 수 없다. 비판적 사고는 다른 모든 관점들이 검토를 위해 개방되어 있는 곳에서만 가능하다. 따라서 비판적 사고는 비록 고독한 작업이기는 하지만 '다른 모든 사람들'에게서 분리될 수 없다. 비판적 사고는 분명 고립 속에서 진행되기는 하지만, 상상력의 힘에 의하여 타자들을 등장시킴으로써 잠재적으로 공적이며 모든 입장에 공개된 공간으로 들어가게 된다. 다른 말로 하자면, 그것은 칸트가 말하는 세계시민의 입장, 즉 세계관찰자의 입장을 채택하는 것이다."(한나 아렌트, 『칸트 정치철학 강의』, 김선욱 역, 푸른 숲, 2002, 〈일곱 번째 강의〉)

다 　여기서 우리는 아이히만의 상황을 보면서 심리학자 스탠리 밀그램(Stanley Milgram)의 복종에 관한 흥미로운 실험을 떠올려 볼 수 있다. 밀그램은 사람들이 어떻게 권위에 복종하는가에 대해 연구하면서 권위에 복종하는 것은 개개인의 성격 탓이 아니라 권위적인 상황에 있다는 점을 실험을 통해 입증했다. 이 실험은 아이히만에 대한 아렌트의 묘사와 연결되면서 나치 치하에 있던 이들의 행동을 이해하는 데 기여했고, 밀그램 자신도 양자 사이의 연관성을 직접 언급했다. 이것은 전체주의적인 국가에서는 평범한 사람도 얼마든지 권위에 복종하여 홀로코스트와 같은 대량학살의 악행을 범할 수 있다는 것을 의미한다. 아이히만 역시 거대한 나치 정권의 권위에 복종한 여느 평범한 인간이며, 누구든 아이히만과 같은 인간이 될 수 있는 것이다. 이렇게 보면 아이히만을 나치 정권이라는 거대한 기계 속에서 톱니바퀴처럼 반응한 평범한 관료로 볼 수도 있을 것이다.

비판적 사고의 필요성

　　　　　　다양한 모습의 얼굴을 가진 현대사회를 일의적으로 규정하기는 힘들다. 하지만 대부분의 경우 호의적이든 아니면 비판적이든 현대사회를 정보혁명에 의한 '정보사회'(Information Society)라고 부르는 데 동의할 것이다. 여기서 정보사회란 넓은 의미에서 인간의 주요 활동이 정보기술의 지원 아래 이루어지는 사회를 말한다. 이 새로운 사회는 기존의 산업사회와는 다른 삶의 양식을 갖는다. 이때 두드러지는 것은 다니엘 벨(Daniel Bell)이 말하듯이, 우리가 부딪치는 문제들을 경험적이며 시행착오적인 방법으로 해결하는 것이 아니라 이론적 원리 속에서 컴퓨터의 도움을 통해 해결한다는 사실이다. 이는 곧 생활의 대부분이 추상적이고 일반화시킬 수 있는 원리에 의해 조작된다는 것을 의미한다. 이러한 사회에서 정보는 컴퓨터와 미디어의 획기적인 발전과 융합에 의해 날마다 새로운 방식으로 산출되며, 그러한 정보들의 결합에 의해 끊임없이 다양한 형태의 문화현상들이 만들어진다.

　　　　정보사회는 산업사회에서처럼 일의적 합리성에 의해 모든 조직이 체계화되는 사회가 아니다. 엘빈 토플러(Alvin Toffler)에 따르면, 효과적인 산업 발전을 위해서는 가능한 한 통일적인 관리체계와 정보체계가 필요하다. 그 내적 규범으로서 표준화, 전문화, 동시화, 집중화 등을 요구하던 산업사회에서는 정보를 산출하고 획득하는 일이 가장 중요했다. 하지만 정보사회에서는 가능한 정보의 획득이 아니라 수많은 정보들 가운데서 올바른 정보를 판단하는 일이 더욱 중요하다. 특정 정보를 만들어내는 것보다 다양한 정보를 맥락에 맞게 구성하는 일이 더 강조되는 것이다. 따라서 정보의 홍수에 의해 야기되는 불확실성 속에서 필요한 것은 다양한 정보들을 비판적으로 고찰할 수 있는 능력을 배양하는 일이다.

　　　　또한 정보사회는 칼 포퍼(Karl Popper)가 말하는 '열린 사회'에 해당한다. 정보사회는 획일적인 의사소통 구조가 아닌 다양한 방식의 의사소통과 문화현상이 각각의 합리성을 구현하며 통용되는 사회이기 때문이다. 다시 말해 현대사회는 다양한 정보와 자유로운 의사결정이 결합되어 산출된 서로 다른 가치관과 세계관을 인정하며, 그 나름의 차이를 인정하는 사회다. 이러한 사회에서 구성원에게 요구되는 자질이 바로 비판적 사고다. 현대사회에서 비판적 사고가 필요한 이유는 다음과 같이 두 가지로 요약될 수 있다.

- 정보화 사회 속에서 불확실성의 증가
- 가치관의 다양성

비판적 사고력 기르기

앞에서 우리는 주어진 상황과 맥락에서 비판적으로 사고하기 위해서는 사회 현상의 저변에 깔려 있는 생각이나 이론, 또는 타인과 나 자신의 생각을 적절하게 구분하고 비교하고 평가하며 판단해야 한다는 사실을 확인하였다. 이때 우리가 고려해야 할 요소는 상황과 맥락에 따라 다양할 수 있다.

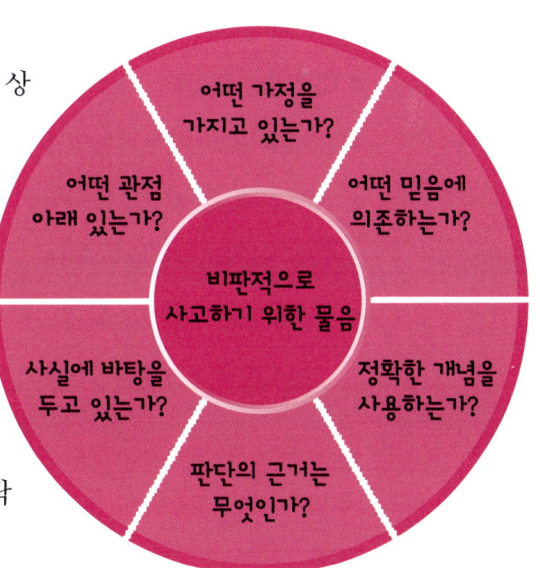

이러한 요소에는 대표적으로 관점, 가정, 개념, 판단의 근거, 사실의 진위 여부, 믿음 등이 있다. 이러한 요소들을 염두에 두면서 다음의 문제들에 대해 생각해 보자.

- 에니스(R. H. Ennis)는 비판적 사고자가 지니는 특징을 다음과 같이 제시하고 있다.

  - 열린 마음을 지니고 대안들을 중시한다
  - 정보들을 잘 확보하도록 노력한다
  - 정보원(information source)의 신뢰가능성을 잘 판단한다
  - 결론, 이유 및 가정을 식별한다
  - 논증의 근거, 전제, 증거 등의 수용가능성을 포함하여 논증의 질을 잘 판단한다
  - 합리적 입장을 잘 발전시키고 옹호할 수 있다
  - 내용을 분명하게 밝혀줄 적절한 질문을 묻는다
  - 합당한 가설을 세우고 실험을 잘 계획한다
  - 맥락에 적절한 방식으로 용어를 정의한다
  - 도출가능성이 보증될 때 주의 깊게 결론을 도출한다
  - 무엇을 믿거나 무엇을 할 것인지에 대한 결정을 할 때, 이 목록에 있는 모든 항목들을 통합한다

연습 다음 글을 읽고 믿음이나 가정이 관찰된 사실을 왜곡하는 것이 어떻게 가능하며, 또 그 경우 올바른 가정이나 믿음을 갖기 위해서는 어떤 장치들이 필요한지 생각해보자.

일상 속에서 전개되는 우리의 행동과 생각에는 항상 어떤 목적이 있기 마련이다. 이 목적을 이루기 위한 수단으로 우리는 항상 어떤 가정을 세운다. 이러한 가정은 자연과학적 사고 속에서 뿐만 아니라 인문, 사회과학적 사고에서도 중요하다. 한 예를 들어보자. 역사적인 그림 속에서 달리는 말은 종종 아래와 같이 묘사된다. 하지만 에드워드 마이브리지는 달리는 말을 연속 촬영하여 실제로는 다음 쪽의 그림과 같다는 것을 보여줌으로써 일반적인 그림이 잘못되었음을 입증해 보였다.

앞의 그림은 프랑스 낭만주의 화가 제리코의 그림으로 말이 도약할 때 앞뒤의 발이 서로 밖으로 벌어진다는 당시의 일반적인 믿음을 반영하고 있었다. 이에 반해 마이브리지의 사진은 말이 도약할 때 앞뒤 발은 서로 모이며, 땅에 착지하는 순간 앞뒤 발이 벌어짐을 보여줌으로써 사람들의 믿음이 틀렸음을 입증한 것이다.

02
토론의 논리

토론과 논증

　　　　토론은 어떤 쟁점에 대한 논증(argument)을 통한 대화다. 따라서 훌륭한 토론을 하기 위해서는 좋은 논증을 구성할 줄 알아야 한다. 그렇다면 좋은 논증이란 무엇인가? 이 물음에 대답하기 위해서는 먼저 논증이 무엇인지 생각해 볼 필요가 있다. 논증이란 전제와 결론으로 이루어지는 일련의 문장들의 모임에 해당한다. 이때 결론은 화자가 내세우는 주장이고, 전제들은 그 주장을 뒷받침하는 근거나 이유다. 결국 논증이란 주장과 근거를 나타내는 문장들의 모임인 셈이다. 우리는 토론에서 논증들을 주고받는다. 이렇게 논증을 주고받는 행위를 논증활동(argumentation)이라고 한다. 토론은 어떤 쟁점에 대한 논증활동인 것이다.

　　　　논증활동은 어떤 주장(결론)을 좋은 이유나 근거(전제)를 들어 뒷받침하는 정당화의 과정이다. 어떤 주장이나 판단에 대하여 '왜 그러한 입장을 받아들여야 하는가?'라는 질문을 하고 거기에 대답하려고 하면, 우리는 결국 그 근거를 생각해야만 한다. 그렇게 근거와 주장이 정리되었을 때, 비로소 우리는 논증을 구성한 것이며, 이를 바탕으로 그 논증이 과연 좋은 논증인지 아니면 반론에 열려 있는지를 생각할 수 있다.

그렇다면 이렇게 주장과 근거로 이루어지는 논증이 좋은 논증이 된다는 것은 무엇을 의미할까? 토론에서 좋은 논증이라는 것은 그 근거가 다른 것에 비해 더 설득력이 있을 뿐만 아니라, 주장도 시의적절하며 받아들이기에 합당하다는 것을 의미한다. 자연과학이나 공학과 관련된 토론에서는 보통 그러한 주장과 근거가 설득력 있고 합당한지를 판단하는 객관적인 기준이 있다. 반면에 정책토론에서는 어떤 주장이나 근거가 더 설득력이 있고 시의적절한 것인지에 대한 평가는 상당 부분 청중에게 달려 있다. 정책토론은 궁극적으로 청중을 설득하는 것이며, 논증은 그 설득을 위한 수단으로 사용되기 때문이다. 따라서 정책토론에서 논증은 청중들이 받아들일 수 있도록 설득력 있게 구성되어야 한다.

좋은 논증인지 아닌지를 평가할 때 흔히 고려해야 할 사안은 토론에 참여하는 화자나 청중의 지적 수준 혹은 세계관의 차이다. 동일한 논증이 어떤 토론에서는 좋은 논증으로 평가될 수도 있고, 다른 상황에서는 그렇지 않을 수도 있는 것이다. 사실상 일상적인 토론에서 이러한 사례는 비일비재하다. 동일한 논증에 대해 어떤 사람들은 자신의 사적인 이해에 따라 수긍하는가 하면 어떤 사람들은 수긍하지 않는다. 이런 이유로 수사학에서는 전통적으로 '보편청중'을 상정한다. 사적인 이해관계에 얽매이지 않고 객관적으로 논증을 평가할 수 있는 청중을 상정하는 것이다. 따라서 실제 토론의 과정에서 논증의 수용 여부는 청중이 어떤 집단이냐에 따라 달라질 수 있지만, 토론 준비를 위한 논증의 구성은 어떤 주장에 대해 가능한 한 최적의 근거들을 제시하는 데 초점을 두어야 한다.

연습 다음의 논증에서 전제(근거)와 결론(주장)이 무엇인지 각각 구분해보자.

❶ 미국인은 이슬람교 경전인 코란을 불태울 수 있는 권리가 있다. 왜냐하면 미국의 헌법은 자국민의 표현의 자유를 보장하고 있기 때문이다.

❷ 사형제는 공권력이라는 미명하에 국가가 저지르는 일종의 살인행위이다. 그러므로 사형제는 폐지되어야 한다.

❸ "누가 날 만들었는가?"라는 물음에는 해답이 있을 수 없다. 왜냐하면 그 즉시 "누가 하느님을 만들었는가?"라는 보다 깊은 물음이 제기되기 때문이다. (J. S. 밀, 《자서전》)

❹ 쾌락으로부터 슬픔이 일며 쾌락에서 두려움이 생긴다. 쾌락의 탈을 벗은 인간은 이미 슬픔도 공포도 없노라. (《팔만대장경》)

❺ 대학은 지식으로 가득 차 있다. 신입생들은 지식을 약간씩 가지고 들어오고 졸업생들은 아무 지식도 가지고 떠나지 않는다. 따라서 지식은 축적된다.

연습   다음 글을 읽고 화자의 주장과 근거가 무엇인지 확인하고, 과연 근거가 설득력 있는지 자신의 생각을 말해보자.

> 합리성의 원칙에 호소하는 삶은 기계적이고 삭막하다. 사람은 이성적 동물이기는 하지만 감성적 동물이기도 하다. 합리성의 원칙에 호소하는 삶보다는 감성의 원칙에 호소하는 삶이 더 인간적이다.

논증의 구성

토론 과정은 논증의 교환으로 이루어지지만, 실제 토론 과정에서 오가는 말들은 명확하게 논증의 형태로 정리되지 않는 경우가 많다. 이는 우리가 평소 말하기에서 논증의 방식에 익숙하지 않기 때문이다. 논증의 구조가 분명하지 않은 토론은 좋은 토론으로 이어지기 힘들다. 논증의 구조가 분명하지 않은 경우 각 토론자는 초점이 서로 다른 이야기를 할 가능성이 많다. 설령 논의의 초점이 일치하더라도 지엽적인 공방으로 빠져들기 쉽다. 그러므로 토론자는 자신의 주장을 펼칠 때, 그 논증의 구조를 가능한 한 분명하게 해야 한다. 상대방의 말을 들을 때도 항상 그 주장의 요지를 논증의 형태로 재구성하여 파악하려고 노력해야 한다.

다음은 우리가 상대방의 발언을 논증으로 재구성하려고 할 때, 참조할 수 있는 일반적인 지침이다.

가 주장과 근거를 명확히 구분한다

상대방의 말을 듣고 가장 우선적으로 해야 할 일은 화자가 최종적으로 주장하거나 증명하고자 하는 바가 무엇인지를 파악하는 것이다. 이 경우 우리는 다음과 같이 질문해야 한다. "그래서 결론은 무엇인가?" 화자가 주장하고자 하는 바는 논증의 결론에 해당한다. 결론은 이를 뒷받침하기 위하여 화자가 제시하는 이유나 근거, 증거와 구분된다. 결론이 무엇인지를 찾고 나면, 그 다음으로 물어야 할 것은 그 결론을 뒷받침하는 전제가 무엇이냐다.

나 드러나지 않은 생각(숨은 전제나 숨은 결론)을 보완한다

상대방이 명시적으로 말하지는 않았지만, 상대방의 주장을 파악하는 데 중요한 고리가 되는 숨은 전제 또는 숨은 결론이 있는 경우가 많다. 화자의 발언을 논증으로 재구성할 때, 숨어 있는 전제나 가정 또는 숨어 있는 결론이나 주장을 드러내주면 주장의 논지가 보다 분명해질 수 있다. 그리고 때로는 숨은 전제나 가정을 지적함으로써 그 발언이 범하고 있는 치명적 오류를 보여줄 수도 있다.

다 자비의 원칙을 지킨다

어떤 주장을 논증으로 재구성할 때, 최대한 화자에게 유리하도록 화자의 주장을 강화하는 쪽으로 재구성할 필요가 있다. 이에는 상대방을 합리적인 사람으로 인정하고 상대방의 논증을 상대방의 입장에 서서 최대한 합리적인 논증으로 해석해야 한다는 원칙이 깔려 있다. 이러한 태도를 흔히 자비(慈悲)의 원칙이라고 부른다.

연습 다음 대화에서 A의 숨은 전제 또는 숨은 결론이 무엇인지 찾아보고, 왜 그렇게 생각하는지 말해보자.

❶ A: 재석이는 풀만 먹어.
   B: 왜요? 믿을 수가 없는데요.
   A: 재석이는 메뚜기거든.

❷ A: 오늘 비가 오면 소풍 가지 않는다고 했지?
   B: 그래서요?
   A: 그러니까 오늘 소풍 가지 않을 거야.

❸ A: 혈액형이 B형인 사람은 모두 다혈질이야.
   B: 그래서요?
   A: 저 사람도 B형이야.

논증의 평가

상대방의 주장을 논증으로 구성했다면, 다음 단계는 그 논증을 평가하고 비판하는 일이다. 토론 과정에서 우리가 집중하게 될 가장 핵심적인 요소 중 하나는 화자가 자신의 주장(결론)을 적절한 근거(전제)로 뒷받침하고 있는가에 대해 평가하는 것이다. 이를 위하여 우리는 먼저 각각의 주장과 근거들을 분리하고, 이들 상호 간의 논리적 관계를 살펴보아야 한다. 이때 근거는 참이거나 적어도 수용 가능한 것이어야 하고, 주장과 근거가 관련이 있어야 하며, 주장을 지지할 만큼 충분한 근거가 제시되어야 한다.

㉮ 근거의 수용 가능성(Acceptability)

근거가 옳다면 논증은 그만큼 수용 가능한 논증이 될 것이다. 그런데 많은 논증의 경우 근거가 옳은지를 분명하게 판단하기는 어렵다. 가치판단이 개입된 경우는 더욱 그렇다. 따라서 근거의 옳고 그름을 따져보는 과정이 필요하며, 가치판단과 관련해 청중의 신념이나 가치체계도 고려해야 한다.

㉯ 근거와 주장의 관련성(Relevance)

근거의 옳음이 주장의 옳음에 영향을 끼칠 때, 근거와 주장은 관련성이 있다고 말할 수 있다. 전제가 참이라고 가정했을 때, 결론이 참이나 거짓이 될 가능성이 있을 경우에만 근거와 주장은 관련성이 있는 것이다. 근거가 참이라고 했을 때, 주장이 왜 참이나 거짓이어야 하는지를 알 수 없는 경우 주장과 근거는 관련이 없다.

다 근거의 충분성(Sufficiency)

근거들이 모두 참이거나 수용 가능하고 주장과 적절한 관련을 맺고 있다 하더라도, 근거들이 주장을 받아들일 정도로 충분하지 않은 경우가 있다. 충분한 근거를 제시한다는 것은 주장이 옳고 타당하다는 것을 믿을 만한 '결정적인' 근거나 증거를 제시한다는 뜻이다.

 연습 다음에 제시된 논증을 평가해보자. 그리고 자신의 새로운 근거를 들어 각각의 논증을 비판해보자.

❶ 인간은 모두 감옥에 가야 한다. 왜냐하면 모든 죄인은 감옥에 가야 하는데, 인간은 모두 죄인이므로.

❷ 현 정부에서 벌어지고 있는 모든 비윤리적인 사태에 대해 누가 책임을 져야 하는가? 그것은 결국 대통령이 책임져야 한다. 왜냐하면 생선은 대가리부터 썩기 때문이다.

❸ 이종 격투기는 다른 스포츠보다 덜 위험해. 지난 15년간 스포츠와 관련한 사망자 수를 보면 야구는 10명, 축구는 8명인 반면 이종 격투기는 단 2명뿐이었으니까.

비판과 반론

앞에서 우리는 상대방이 제시한 논증을 평가할 때 세 가지 측면, 즉 근거의 수용가능성, 주장과 근거의 관련성, 근거의 충분성에 유념해야 한다는 것을 확인했다. 이렇듯 논증을 평가하기 위해서는 새로운 근거들이 마련되어야 한다. 가령 근거가 수용할 만하지 않다고 평가하기 위해서는 왜 근거가 받아들이기 어려운지 자신의 새로운 근거를 통해 밝혀야 한다. 그렇게 해서 새로운 근거와 더불어 주장을 제기하면 한 가지 반론을 제시하는 것이다. 결과적으로 이는 상대방의 논증에 대한 비판이라 할 수 있다.

이제 실제로 우리가 어떻게 비판을 수행하는지 예를 통해 살펴보기로 하자. 아래 호동의 생각에 대해 여러분은 어떻게 비판할 수 있는가?

> 호동 : 술 취한 사람은 모두 얼굴이 빨갛게 돼. 그런데 하하는 지금 얼굴이 빨갛게 상기되어 있어. 그러니까 하하는 술에 취했어.

이 경우 우리는 호동이 제시한 근거가 적절하지 않다고 말할 수 있다. 하하가 얼굴이 빨갛게 상기된 것은 술에 취해서가 아니라 다른 이유 때문에 그럴 수 있기 때문이다. 요컨대 호동이 제시한 근거들로부터는 결론(주장)이 따라나오지 않는다. 이처럼 전제가 모두 참이라고 가정하더라도 결론은 얼마든지 거짓일 수 있다. 이렇게 근거가 적절하지 않은 경우 우리는 근거가 타당하지 않다거나 주장이 타당하지 않다고 판단한다.

실제로 하하가 술에 취하지 않은 경우 우리는 여러 적절한 근거를 제시함으로써 그가 취하지 않았음을 주장하면서 호동의 생각을 반박하고 비판할 수 있다. 예컨대 "일직선으로 똑바로 걸을 수 있는 사람은 술에 취하지 않은 것이다. 하하는 일직선으로 똑바로 걸을 수 있다. 그러므로 하하는 취하지 않았다"고 논증할 수 있는 것이다.

대통령 선거가 끝나고 특정 지역 투표소의 출구조사 결과만을 보고 호동이 다음과 같이 말했다고 하자. 이 경우 우리는 호동의 생각을 어떻게 비판할 수 있는가?

> 호동 : 이 투표소의 출구조사 결과에 따르면 이 지역 유권자의 97%가 A 후보를 지지하고 있어. 그러니까 A 후보가 이번 대통령 선거에서 압도적인 차이로 승리할 거야.

이 경우 우리는 호동이 제시한 근거가 불충분하다고 말할 수 있다. 호동이 제시하는 증거나 근거는 편중되어 있고 다양하지 않기 때문이다. 여러 지역 투표소의 출구조사 결과를 확인한 후에야 비로소 그러한 예측이 가능할 것이다. 결론적으로 불충분한 통계자료의 오류를 범했다고 지적할 수 있다.

마지막으로 다음에 제시된 호동의 생각을 어떻게 비판할 수 있는지 생각해 보자.

> 호동 : 최 씨는 모두 고집불통이야. 그런데 저 사람도 최 씨야. 그러니까 저 사람도 고집불통이야.

호동의 말 대로 최 씨가 모두 고집불통이라고 하고, 또 저 사람도 최 씨라고 하자. 만일 우리가 이러한 가정을 받아들인다면 그러한 가정 아래 우리는 저 사람이 고집불통이라고 말해야만 한다. 즉, 호동이 제시한 전제들로부터 결론이 따라 나온다. 그러나 과연 "최 씨는 모두 고집불통이다"라는 호동의 전제는 참인가? 우리는 그렇지 않다는 것을 알고 있다. 공명정대하고 타인의 견해를 경청하며 존중하는 그런 최 씨를 주변에서 얼마든지 쉽게 확인할 수 있기 때문이다. 따라서 우리는 호동이 제시한 근거가 거짓이라고 비판할 수 있다.

    지금까지의 논의를 정리해 보자. 우리는 주어진 논증에 대해서 다음과 같이 비판할 수 있다.

    첫째, 전제들로부터 결론이 따라 나오지 않는 경우, 즉 전제들이 모두 참이라고 하더라도 그 가정 아래서 결론이 반드시 참일 필요가 없는 경우, 그 근거들(전제들)은 부적절하다. 또는 그 근거들이나 주장은 타당하지 않다. 또한 결론(주장)이 거짓이라면 우리는 적절한 새 근거를 제시함으로써 결론(주장)이 거짓임을 논증하면서 비판할 수 있다.

    둘째, 비록 전제(근거)와 결론(주장)이 관련성이 있을지라도, 전제가 결론을 보장해주는 것이 아니라면 그 근거가 불충분하다고 비판할 수 있다.

    셋째, 전제들로부터 결론이 따라 나오는 경우, 다시 말해 우리가 일단 그 근거들을 받아들이면 그 주장도 받아들여야만 하는 경우, 우리는 그 근거들이 과연 옳은지를 생각하고, 만일 옳지 않다면 적절한 새 근거를 제시함으로써 그 근거들이 옳지 않다고 비판할 수 있다.

    이렇게 비판을 수행할 때 제시하는 것 또한 논증이다. 우리는 자신의 새로운 근거를 토대로 주장을 하면서 상대방이 제시한 논증을 비판한다. 반론하기는 상대방이 제시한 논증에 대해 새로운 논증을 제시하면서 상대방의 논증이 설득력이 없다고 비판하는 행위다.

논리학에서는 전제들로부터 결론이 따라 나오는 논증을 "타당한 논증"이라고 하고, 또 그렇지 않은 논증을 "부당한 논증"이라고 한다. 또한 타당한 논증이면서 전제들이 모두 참인 논증을 "건전한 논증"이라고 한다. 더 정확하게 말하면 다음과 같다.

타당한 논증 : 전제들이 모두 참이라면 그 결론도 반드시 참인 논증
               (전제들이 모두 참이라고 가정하면 결론이 거짓일 수 없는 논증)
부당한 논증 : 전제들이 모두 참이면서 결론이 거짓일 수 있는 논증
건전한 논증 : 타당한 논변이면서 전제들이 모두 참인 논증
건전하지 않은 논증 : 부당한 논변이거나 전제들 중 하나 이상이 거짓인 논증

이러한 논리학의 용어로 정리하면, 반론하기와 비판하기는 기본적으로 자신의 적절한 근거를 들어 상대방이 제시한 논증이 건전한 논증이 아니라는 것, 또는 상대방이 제시한 근거들이 불충분함을 보이는 것과 같다. 만일 상대방이 제시한 논증이 건전한 논증이라면, 우리는 그 논증을 수용해야 하며 더 이상 비판할 수 없다. 이제 우리는 다음의 세 가지 경우를 구분할 수 있다.

첫째, 만일 상대방이 제시한 논증이 부당한 논증이라면, 그것이 타당한 논증이 아님을 보인다. 다시 말해 전제로부터 결론이 따라 나오는 것이 아님을 보인다

▶ [이러이러하다. 그러므로 그 근거들은 부적절하다(타당하지 않다).]

또한 결론이 실제로 거짓이라면, 적절한 새 근거를 제시하면서 결론이 거짓임을 보인다
▶ [이러이러하다. 그러므로 그 주장은 거짓이다.]

둘째, 만일 상대방이 제시한 논증이 타당한 논증이라면, 건전한 논증이 아님을 보인다. 즉, 전제들 중 거짓인 전제가 있다는 사실을 보이는 것이다
▶ [이러이러하다. 그러므로 그 근거는 거짓이다.]

셋째, 상대방이 제시한 근거와 결론이 관련성이 있지만, 그 근거가 결론을 뒷받침하기에는 미흡하다면, 왜 그 근거들이 미흡한지를 적절한 새 근거를 들어 보인다
▶ [이러이러하다. 그러므로 그 근거는 불충분하다.]

 연습 다음의 글을 읽고 숨은 전제가 무엇인지를 알아보고 이를 반박해보자.

윤리와 관련하여 가장 광범위하게 받아들여진 사실 가운데 하나는 옳은 것과 그른 것에 대한 광범위한 불일치가 과거부터 현재까지 항상 있어 왔고, 아마도 앞으로도 계속 있을 것이라는 점이다. 가령 육식이 올바른지 여부를 두고 한 문화에 속해 있는 사람들의 판단은 다른 문화에 속해 있는 사람들의 판단과 굉장히 다르다. 그뿐만 아니라 한 문화에 속한 사람들의 판단은 시대마다 아주 다르기도 하다. 심지어 우리는 동일한 문화와 시대 안에서도 하나의 행위에 대해 서로 다른 윤리

적 판단을 하는 경우를 볼 수 있다. 이러한 사실이 의미하는 바는 사람들의 윤리적 기준이 시간과 장소 그리고 그들이 살고 있는 상황에 따라 달라진다는 것이다. 그러므로 올바른 윤리적 기준은 그것을 적용하는 사람에 따라 상대적이다. 이것이 윤리적 상대주의의 핵심 논지다. 따라서 우리는 윤리적 상대주의가 참이라는 결론을 내려야 한다.

 연습 다음 글의 논지에 대한 반론으로 가장 적절한 것이 무엇인지를 지적하고, 왜 다른 선택지는 적절하지 않은지 설명해보자.

공화정 체제는 영원한 평화에 대한 바람직한 전망을 제시한다. 그 이유는 다음과 같다. 전쟁을 할 것인가 말 것인가를 결정하려면 공화제 하에서는 국민의 동의가 필요한데, 이때 국민은 자신의 신상에 다가올 전쟁의 재앙을 각오해야 하기 때문에 그런 위험한 상황을 감수하는 데 무척 신중하리라는 것은 당연하다. 전쟁의 소용돌이에 빠져들 경우 국민들은 싸움터에 나가야 하고, 자신들의 재산에서 전쟁 비용을 염출해야 하며, 전쟁으로 인한 피해를 고생스럽게 복구해야 한다. 또한 다가올 전쟁 때문에 지금의 평화마저도 온전히 누리지 못하는 부담을 떠안을 수밖에 없다.

그러나 군주제 하에서는 전쟁 선포의 결정이 지극히 손쉬운 일이다. 왜냐하면 군주는 국가의 한 구성원이 아니라 소유자이며, 전쟁 중이라도 사냥, 궁정 연회 등이 주는 즐거움을 아무 지장 없이 누릴 수 있을 것이기 때문이다. 따라서 군주는 사소한 이유로, 예를 들어 한낱 즐거운 유희를 위해 전쟁을 결정할 수도 있다. 그리고 전혀 대수롭지 않게 늘 만반의 준비를 하고 있는 외교 부서에 격식을 갖추어 전쟁을 정당화하도록 떠맡길 수 있다.

① 군주는 외교적 격식을 갖추지 않고도 전쟁을 감행할 수 있다.
② 전쟁을 방지하기 위해서는 공화제뿐만 아니라 국가 간의 협력도 필요하다.
③ 장기적인 평화는 국민들을 경제 활동에만 몰두하게 하여 결국 국민들을 타락시킬 것이다.
④ 공화제 국가라도 군주제 국가와 인접해 있을 때는 전쟁이 일어날 가능성이 높다.
⑤ 공화제 하에서도 국익이나 애국주의를 내세운 선동에 의해 국민들이 전쟁에 동의하게 되는 경우가 적지 않다.

불일치의 종류

토론은 갈등의 조절 수단이다. 그렇다면 갈등은 왜 발생하는 것일까? 그것은 어떤 불일치가 존재하기 때문이다. 불일치에는 크게 의견의 불일치, 태도의 불일치, 언어적 불일치가 있다.

의견의 불일치는 사실에 대한 의견이 달라서 발생하는 불일치이다. 천동설과 지동설은 의견 불일치의 대표적인 예다. 태도의 불일치는 사실에 대한 견해는 같지만, 태도와 평가가 달라서 생기는 불일치다. 예를 들어 어떤 뮤지컬의 입장료가 2만 원이라고 할 때, 한 사람은 "2만 원밖에 안 해!"라고 말하고 다른 사람은 "2만 원씩이나 해!"라고 말하면 그들은 태도의 불일치를 보이고 있는 것이다.

한편 의견이나 태도의 차이가 아니라 어떤 개념이나 언어적 표현을 다르게 이해하거나 사용해서 발생하는 불일치도 있다. 이를 언어적 불일치라고 한다. 소위 우리가 말장난이라고 부르는 경우 대부분은 이러한 언어적 불일치에 해당한다. 언어적 불일치에 기인한 논쟁의 경우 쟁점의 대상이 되는 핵심 개념을 서로가 동의할 수 있는 좀 더 분명한 방식으로 재정의함으로써 단순한 언어적 논란이 아닌 더 실제적인 의견 또는 태도의 불일치로 논쟁의 초점을 좁혀갈 수 있다. 정책 토론에서는 언어적 불일치가 토론의 핵심 쟁점이 되는 것을 가급적 피해야 한다. 어떤 용어가 토론에 등장하는 핵심적인 어휘라면, 양측이 동일한 의미로 그 단어를 사용하는 것은 대단히 중요하다.

언어적 불일치가 일어나는 주요 원인으로 언어 표현이 갖는 애매성과 모호성을 들 수 있다. 어떤 표현이 둘 이상의 의미를 지니고 있을 때, 그 표현을 두고 흔히 "애매하다"고 말한다. 예를 들어 "은행"은 두 가지 이상의 의미를 갖고 있다. 이러한 애매성은 두 가지 이상의 해석이 가능하기 때문에 발생하기도 하고, 한 표현이나 개념이 상이한 의미로 혼용되기 때문에 발생하기도 한다.

그런가 하면 어떤 언어적 표현의 의미나 적용 범위가 확정적이지도 않고 명료하지 않은 경우 그 표현을 "모호하다"고 한다. 가령 "중년 남성"이라는 말은 모호하다. 왜냐하면 그 표현은 정확한 적용 범위와 한계를 갖고 있지 않기 때문이다. 마찬가지로 어떤 예술 작품이 "외설"이냐 아니냐 하는 논쟁은 "예술", "외설"이라는 표현의 모호성에서 비롯되는 경우가 많다. 토론 과정에서 우리는 가능한 한 명료하게 표현해야 하며, 불필요한 애매성과 모호성을 제거하는 것이 좋다. 이를 통하여 불필요한 언쟁을 피할 수 있으며, 잘못된 주장을 하거나 부적절한 근거를 제시하는 잘못을 피할 수 있다.

연습
다음 대화에서 A와 B가 어떤 불일치를 보이고 있는지 지적해보자.

❶ A: 철수는 대화가 참 유창해.
B: 철수는 쉴 새 없이 떠들어 대.

❷ A: 밖에 엄청 비가 와.
B: 무슨 소리야? 눈이 오는데.

❸ A: 사람은 모두 죄인이야. 왜냐하면 아담과 이브가 원죄를 지었거든.
B: 무슨 소리야? 아동 성폭행범과 같은 사람이 죄인이지.

연습 다음에 나오는 내용이 애매한지 아니면 모호한지 지적해보자.

❶ 나는 너보다 그 사람을 더 사랑한다.

❷ 아내는 여자보다 아름답다.

❸ 성희롱 : 특정한 신체 부위를 음란한 눈빛으로 반복적으로 쳐다 보는 행위.

❹ 남성과 여성은 신체적으로나 정서적으로 차이가 난다. 그렇다면 남성과 여성은 평등할 수 없다. 그러므로 법은 남녀가 평등하다고 가정해서는 안 된다.

오류의 유형

우리는 토론을 할 때 논증 형식으로 말을 하게 된다. 이때 제시된 논증이 수용 가능하고 충분하며 또 적절한 근거에 의해 뒷받침되지 않으면 받아들여질 수 없다. 논증을 제시할 때 충분히 주의하지 않음으로써 오류를 범하게 되는 경우가 허다하다. 자주 범하게 되는 오류의 유형을 알고 있으면, 그만큼 토론을 더 능숙하게 수행할 수 있다.

토론을 할 때 상대방의 주장과 근거를 정확하게 파악해야 한다. 나아가 상대방이 최선의 논증을 제시하고 있다고 가정해야 한다. 상대방이 제시한 논증을 최선의 논증이 되게끔 해석해야 한다는 원칙을 '자비의 원칙'이라고 부른다. 자비의 원칙을 지키지 않을 때 발생하는 오류에는 다음과 같은 것들이 있다.

- **의도 확대의 오류**(강조의 오류)
상대방 주장의 어느 한 부분만을 부적절하게 강조하면서 발생하는 오류

- **허수아비 공격의 오류**(아전인수의 오류)
상대방이 주장하지 않은 내용을 마치 주장한 것처럼 왜곡하여 공격하는 오류

토론에서 어떤 용어나 개념을 사용할 때 일관성 있게 사용해야 한다. 하나의 용어를 중간 중간 다른 뜻으로 섞어 쓰게 되면, 전체적으로 논지가 불분명하게 된다. 이런 유형의 대표적인 오류는 다음과 같다.

- **애매성**(다의성)**의 오류**
하나의 논증 속에서 사용되고 있는 동일한 단어가 전제나 결론에서 서로 다

른 의미로 사용되고 있다는 사실을 간과함으로써 발생하는 오류. 또는 애매한 언어적 표현을 상이한 방식으로 해석함으로써 발생하는 오류

● 은밀한 재정의의 오류
어떤 말의 의미를 통상적인 뜻과는 달리 자의적으로 변화시켜 사용함으로써 자신의 주장을 옹호하는 오류

이 외에 토론 과정에서 자주 나타나는 오류로는 다음과 같은 것들이 있다.

● 순환 논증의 오류(선결 문제 요구의 오류)
결론에서 주장하고자 하는 바가 이미 전제에 포함되어 있는 경우

● 비정합성의 오류(자가당착의 오류)
전제들 상호간이나 혹은 전제와 결론 사이에 모순관계가 있는 경우

● 피장파장의 오류
상대방의 처지도 같음을 지적함으로써 상대방의 주장을 논박하는 경우

● 우물에 독 뿌리기(원천봉쇄의 오류)
반론 제기 자체를 원천적으로 불가능하게 봉쇄함으로써 자신의 주장을 옹호하는 경우. 또는 반대 주장은 불건전한 것이라고 미리 못을 박아 반론 자체를 사전에 봉쇄하는 경우

● 인신공격의 오류
주장의 근거를 문제 삼는 것이 아니라, 상대방의 인품이나 성격 등을 트집 잡아 비판하는 경우

● 정황에 호소하는 오류
직업, 직책, 지위, 처지, 과거사, 정황 등을 트집 잡아 상대방의 주장을 비판하거나 옹호하는 경우

● 감정에 호소하는 오류
주장의 정당성과 무관하게 청자의 감정(예컨대, 동정심, 공포, 증오심, 아첨 등)에 호소하여 자신의 주장을 받아들이도록 하는 경우

● 무지(無知)의 오류
어떤 것이 증명되지 않았다고 해서 그것의 부정이 입증되었다고 생각하는 경우. 즉, 어떤 주장이 반증된 적이 없다는 이유로 받아들여져야 한다고 주장하거나, 그것이 증명된 바가 없다는 이유로 무조건 거부해야 한다고 주장하는 경우

● 성급한 일반화의 오류
몇몇 예외적인 사례로부터 이를 일반화하는 경우

● 우연의 오류
일반적인 원리나 원칙을 예외적인 사례로 잘못 적용하는 경우

● **분할(분해)의 오류**

전체가 어떤 성질을 가지고 있기 때문에 그 부분이나 구성원도 동일한 성질을 가지고 있다고 추론하는 경우

● **합성(결합)의 오류**

부분이나 구성원들이 모두 어떤 성질을 갖고 있다고 해서 그 전체가 같은 속성을 가지고 있고 생각하는 경우

연습 다음의 글들이 어떤 오류를 범하고 있는지 지적해보자.

❶ 물보다 밀도가 낮은 것들은 물에 뜬다. 왜냐하면 그러한 것들은 물에 가라앉지 않기 때문이다.

❷ 모든 죄인은 감옥에 가야 한다. 그리고 모든 사람은 죄인이다. 그렇기 때문에 모든 사람은 감옥에 가야 한다.

❸ 성경에 적힌 것은 진리이다. 성경에 그렇게 적혀 있기 때문이다.

❹ 예외 없는 법칙은 없다.

❺ 아빠는 어제 내가 영화 보러 가는 것도 막으셨고 오늘 텔레비전도 못 보게 하셨다. 아빠는 내가 좀 즐겁게 노는 것을 못 참는다.

❻ 만일 당신이 아무것도 자명하지 않다고 주장한다면 나는 당신과 얘기하지 않겠다. 당신은 세세하게 따지고 드는 사람이고 결코 설득 당하지 않을 사람임이 분명하니까.

❼ 아무도 신이 존재하지 않는다고 증명한 일이 없다. 따라서 신은 존재한다.

❽ 정부 정책에 대한 박 의원의 비판은 들어 보나 마나입니다. 그는 야당의원이기 때문에 기껏해야 비판만 할 것입니다.

❾ 의식 있는 국민이라면 이미 실패한 중선거구제를 다시 실시하려는 여당의 주장을 단연코 반대할 것이다.

❿ 내가 "인간은 타락하였다"라고 할 때 나에게 동의하지 않는 자들은 자신들이 이미 타락하였다는 것을 증명하고 있는 것이다.

⓫ 그 유명한 '페르마의 마지막 정리'는 거짓임이 분명하다. 어떤 수학자도 그것이 참임을 증명하지 못했으니까.

⓬ 김구 선생님은 한국 근현대사의 큰 인물이다. 어! 그럼 이 바지는 작아서 못 입으시겠네.

⓭ 미국 인디언은 사라지고 있다. 저 사람은 미국 인디언이다. 그러므로 저 사람은 사라지고 있다.

⓮ 모든 개개인은 죽는다. 그러므로 인간은 언젠가 멸종할 것이다.

⓯ 고의적으로 사람을 친 사람은 처벌 받아야 한다. 저 미들급 권투 선수는 처벌 받아야 한다. 왜냐하면 그는 링 위에서 다른 선수들을 모두 때려 눕혔으므로.

제3부

비판적 사고와 토론의 실제

01
토론의 이해

토론의 정의

우리는 일상생활에서 많은 토론에 참여하거나 이를 접하게 된다. 친구들과 어떤 쟁점이나 학문적인 주제에 관해 토론하거나 방송 매체를 통해 전해지는 토론을 시청하기도 한다. 텔레비전으로 방영되는 시사 토론, 선거 후보자들의 정책 토론, 국회에서의 회의, 검사와 변호사의 법정 공방, 학술세미나, 심포지엄, 포럼 등이 이러한 토론의 대표적인 예들이다. 그렇다면 토론의 정확한 정의는 무엇일까? 토론이 일종의 대화라는 점에 대해서는 이론의 여지가 없다. 토론은 두 명 이상의 사람들이 함께 하는 대화로서 상호 의견교환 행위이다. 그렇다고 모든 대화, 곧 모든 상호 의견교환 행위를 토론이라고 할 수 있는가? 우리는 다양한 상호 의견교환 행위 중 특정 유형만을 토론이라고 칭한다.

대화에서 우리가 주고받는 말은 문장들의 모임이다. 어떤 대화가 토론이라고 불릴 수 있기 위해서는 이들 문장의 모임이 고유한 특징을 지녀야 한다. 논증(論證)이 바로 그것이다. 만약 대화 중에 쓰인 말들이 묘사 혹은 기술(記述)에 해당되는 문장들로만 이루어진 것이라면, 우리는 이를 가리켜 토론이라고 부르지 않는다. 또한 질의응답 형태의 단조로운 대화에 대해서도 토론이라 부르지 않을 것이다. 물론 토론에는 기술이나 질문과 대답, 인과적 설명, 서사 등의 말하기가 포함될 수 있다. 그러나 논증이 중심을 차지하지 않는다면, 결코 그 대화는 토론이 될 수 없다. 한편 하나의 대화에 여러 논증적인 말들이 오갔다고 해도 그것들 사이에 상호 관련성이 없다면, 즉 관련 없는 논증들의 단순한 나열에 그쳤다면, 우리는 이 역시 토론으로 인정하지 않을 것이다.

결론적으로 토론이란 어떤 문제나 쟁점에 대한 논증 양식의 대화라고 정의할 수 있다. 바꿔 말하면, 토론이란 어떤 문제나 쟁점에 대한 논증을 통한 상호 의견교환 행위다. 이러한 정의에 따르면, '토론'이란 용어의 범위가 대단히 넓다는 것을 알 수 있다. 실제로 오늘날 우리의 일상생활에서 토론이란 용어는 광범위하게 사용되고 있다. 정당들이 시행하는 '토론회'나 수업에서 행해지는 '조별토론', '토론문화 정착'과 같은 표현에서의 '토론', 세미나에서의 '토론', 학술발표회에서의 '지정토론', 조선왕조실록의 '토론경학(討論經學)' 등이 그 예들이다.

위 예들에서 알 수 있듯이 어떤 문제나 쟁점에 대한 논증적인 말하기로서 토론에는 다양한 양상 혹은 갈래가 존재한다. 그 가운데 특히 참여자들이 상호 협조적인 관계를 유지하면서 최선의 해결책을 모색하는 토론을 가리켜 '토의'라 칭한다. 이와 달리 참여자들이 뚜렷하게 상반된 입장을 취하는 가운데 각자의 주장을 관철시키기 위해 대립적인 구도 아래 대화에 임하는 경우 '찬반토론(debate)'이라 부른다. '찬반대항토론', '논쟁' 등으로 불리기도 하는 이 토론이 우리가 이 책에서 학습할 토론의 유형이다. 이후 이 책에서 언급될 '토론'은 주로 이 찬반토론을 가리킨다.

토론의 목적

한국사회에서는 최근 활발한 토론문화가 형성되고 있다. 네티즌들은 인터넷의 등장과 함께 자발적인 토론문화를 만들어 가고 있고, 텔레비전이나 라디오에서도 새로운 방식의 토론프로그램이 등장하기 시작했다. 이러한 흐름의 연장선에서 대학생들이 참여하는 다양한 형식의 토론대회 역시 빈번하게 개최되고 있다. 이는 과거 권위주의 사회에서는 찾아볼 수 없는 중요한 변화로서 한국사회에 바람직한 민주주의가 정착되고 있다는 증거다.

토론문화의 활성화는 토론이 우리의 삶에서 매우 중요한 의사소통의 통로가 되었다는 사실을 시사한다. 그렇다면 우리의 삶에서 차지하는 의사소통의 의의와 그 중요한 형식의 하나라 할 토론의 역할은 무엇인가? 우리는 왜 토론을 하는가? 우리에게는 혼자서 해결할 수 없는, 그래서 함께 그 해결책을 모색해야 하는 많은 문제가 있다. 토론은 그 열쇠에 해당한다. 우리사회 구성원들이 지혜를 모아 그 해결방안을 찾아야 하는 문제들은 실로 다양하다. 이들 문제가 토론의 대상이 될 때, 그 참여자들은 문제를 설정하고 파악하는 과정에서, 그리고 해결을 모색하는 과정에서 때때로 합의에 이르기도 하고 의견 충돌을 겪기도 한다. 따라서 우리는 최선의 해결책을 탐구하고 구성원 간의 의견 불일치를 해소하기 위해서 공정한 규칙을 익혀 토론에 임해야 한다. 특히 사회정치적인 '갈등상황'의 해결을 위해 반드시 거쳐야 할 합의과정의 일부로서 토론을 이해할 필요가 있다.

어떤 형태의 갈등이든 이를 바람직한 방향으로 해결하기 위해서는 구성원 모두의 의사소통이 우선되어야 한다. 그리고 그것은 감정적인 대응이 아닌 이성적인 대화, 곧 합리적인 토론을 통해 이루어져야 한다. 그 구체적인 실행은 토론 참여자들이 논증의 형식으로 서로에게 말을 건네는 일이다. 즉, 신뢰할 만한 근거를 가지고서 자신의 주장을 제시해야 하는 것이다. 논증이 의견을 달리 하는 상대방을 설득하는 수단이 되는 것이다. 토론은 자신과 견해를 달리하는 상대방을 설득하는 행위인 셈이다.

나와 견해가 다른 상대방을 설득함으로써 우리는 의견일치에 이르게 되며, 비로소 해결책을 함께 모색할 수 있는 단계에 이르게 된다. 다른 사람의 견해에 누군가 동의한다는 것은 그 견해를 참이라고 또는 정당하다고 보거나 효력이 있다고 인정한다는 뜻이다. 이는 설득된 사람의 입장에서 보자면 기존의 신념 및 태도, 그리고 가치 체계를 수정하거나 포기하는 일이 된다. 우리가 보통 '설득'이라 말하는 전형적인 상황이 이에 해당한다. 한편 기존 견해의 수정 내지는 포기가 전혀 일어나지 않는 가운데 논증을 통해 새로운 견해가 도입되는 경우도 있다. 기존의 신념 및 가치 체계와 지향 태도에 존재하지 않은 새로운 견해를 정당한 것으로 받아들인다는 점에서 이 역시 '설득'이라 할 수 있다. 요약컨대 논증을 통한 설득적 대화는 크게 두 가지로 구분된다. 하나는 기존의 견해가 포기되는 경우고, 다른 하나는 새로운 견해가 도입되는 경우다. 전자의 대표적인 예는 대등한 지식을 지닌 서로 다른 견해의 사람들이 토론하는 경우의 설득이며, 후자는 주로 교육적인 상황에서의 설득이다.

한편 우리는 논증을 통한 대화에서 설득이라고는 말할 수 없지만 매우 의미 있는 상황을 접하게 된다. 기존의 견해가 포기되지도 않고 새로운 견해가 도입되지도 않았지만 상대방의 주장 및 근거와 배경을 이해함으로써 상대방의 생각을 존중하게 되고, 더 나아가 자신의 주장과 근거가 정당하지 않을 수도 있다는 가능성을 열어놓게 되는 경우가 그것이다. 우리는 이를 상대방에 대한 이해 또는 '상호 이해'라고 부를 수 있다. 예를 들어 힌두교도가 아닌 사람이 힌두교도에게 "소고기를 먹는 것은 정당하다"라는 주장을 설득할 수는 없을지라도, 토론을 통해 상대방을 이해하는 일이 가능해지는 경우가 이에 해당한다.

결론적으로 토론의 최종 목적은 설득이나 상호이해에 도달하는 것이라고 말할 수 있다. 토론을 통해서 우리는 상대방을 설득하거나 이해하게 되며, 이를 바탕으로 당면한 문제들의 해결을 모색하게 된다. 그렇다고 해서 토론이 모든 문제를 해결할 수 있는 만병통치약은 결코 아니다. 어느 누구도 토론만으로 모든 문제를 해결할 수 있으리라고는 믿지 않는다. 대부분의 경우 토론은 문제 해결을 위한 준비 과정으로서 더 큰 의의를 갖는다.

토론의 윤리

앞에서 살펴보았듯이 우리는 문제 상황에서 최선의 해결책을 모색하고 탐구하기 위해, 사회정치적인 상황에서 발생하는 갈등과 불일치를 해소하기 위해, 그리고 상대방을 설득시키거나 상호 이해에 도달하기 위해 토론을 한다. 토론에서 우리는 타당한 근거와 주장을 제시하고 수용함으로써 설득과 상호 이해에 도달할 수 있다. 그리하여 우리는 토론을 통하여 갈등 상황과 의사결정 상황에서 당면한 문제에 대한 해결책을 모색하며, 합리적 대화와 상호 이해를 통해 궁극적으로는 정의와 진리로 나아간다.

토론윤리는 바로 이러한 목적을 효과적으로 달성하기 위한 바탕으로 이해되어야 한다. 토론의 목적을 달성하기 위해 필요한 것이 토론의 윤리다. 만일 토론의 윤리가 준수되지 않는다면 설득과 상호 이해라는 토론의 목적을 달성하기 어렵다. 그렇다면 토론의 윤리란 무엇인가?

첫째, 토론 참여자는 자신의 주장에 대해 적절하고 설득력 있는 근거를 제시하려고 노력해야 한다. 민주사회에서 토론의 목적은 어떤 당면한 공적인 문제를 해결하는 데 있다. 그러한 공적인 문제를 해결하기 위해서는 논리적으로 타당하고 설득력 있는 근거를 제시하려고 노력해야 한다. 오직 그러할 때만 상대방과 청중은 그 근거와 주장을 경청할 것이다.

둘째, 토론 참여자는 진실한 태도로 토론에 임해야 한다. 어떤 주장에 대해 증거 자료를 제시할 때는 출처가 정확해야 한다. 의도적으로 증거 자료를 변조하거나 왜곡해서는 안 된다. 토론 참여자는 타인의 것을 표절해서는 안 되며, 토론 내용은 자신이 직접 연구 조사한 것이어야 한다. 그럼으로써 정정당당하게 선의의 경쟁을 펼쳐야 한다.

셋째, 토론 참여자는 상대방을 존중하고 배려해야 한다. 토론 참여자는 모두 평등하다. 토론 참여자는 상대방 역시 나와 평등한 관계 속에서 자유롭고 진실한 태도로 토론에 임하고 있다는 사실을 기억해야 한다. 따라서 상대방에 대한 인신공격성 발언을 삼가야 한다. 또한 상대방의 견해도 옳을 수 있다는 열린 마음의 자세를 지녀야 한다. 이는 타인의 견해를 무조건 수용하라는 뜻이 아니다. 상대방과 나의 주장이 각각 타당하고 합리적인 근거에 의해 뒷받침되고 있느냐에 근거해 옳고 그름을 판단하라는 것이다. 이러한 태도는 어떤 형태의 권위주의도 용납하지 않는다. 만일 자신의 견해만 옳다는 폐쇄적인 독단주의를 고수한다면, 이는 상호 이해라는 토론의 기본 정신에 어긋나는 것이다.

이와 같이 토론 참여자는 논리(Logos), 윤리(Ethos), 정서(Pathos)의 측면에서 공적 말하기의 구성 요소, 즉 화자와 청자, 상황 및 목적, 내용, 전달방법을 숙고하고 실제 토론에서 이를 실천하려고 노력해야 한다. 토론윤리는 토론의 목적을 달성하기 위해 민주사회의 일원으로서 토론 참여자가 지켜야 하는 근본적인 규범이다. 이러한 의미에서 올바른 토론윤리는 민주주의적 사고방식과 비판적 정신에 부합한다.

토론의 유형

앞서 어떤 문제나 쟁점을 대상으로 한 논증적 상호 의견교환 행위로 토론을 정의하였다. 그리고 그 대표적인 유형으로 유사한 입장을 지닌 토론 참여자들이 최선의 해결책을 모색하여 합의에 이르는 것을 목적으로 하는 토의와 뚜렷한 대립구도 아래 공방을 펼치는 찬반토론을 구분하였다. 그러나 이는 이론상의 구분일 뿐, 실제로 토의와 찬반토론을 명확히 구별하기란 쉽지 않다.

토론은 관점에 따라 여러 가지 세부 유형으로 구분된다. 먼저 사회자가 있는 토론과 사회자가 없이 진행되는 토론으로 나눠볼 수 있다. 사회자는 토론의 규칙이 엄밀하게 정해지지 않은 경우 원활한 진행을 위해 필요한 존재다. TV토론에 자주 등장하는 사회자가 이에 해당한다. 한편 토론의 규칙이 엄밀하게 정해져 있고, 토론 참여자들이 이를 충분히 숙지하고 있는 경우 사회자는 필요하지 않다. 사회자가 없는 칼 포퍼 방식 토론이나 세다(CEDA)식이 그러하다(〈부록 2〉 참조).

실전 여부를 기준으로 구분해볼 수도 있다. 단순히 교육적 차원에서 실행되는 토론이 있는가 하면 실제 생활에서의 문제 해결을 위해 행해지는 토론이 있다. 전자의 경우 '교육토론' 또는 '아카데미 토론'으로 불리며, 후자의 경우 '현장 토론' 또는 '응용 토론'으로 불린다. 교육토론의 대표적인 예로는 칼 포퍼식 토론, 세다(CEDA)식 토론, 의회 방식 토론 등이 있다. 현장 토론의 예로는 원탁토론, 포럼, 패널 토론(panel discussion), 심포지엄, 세미나, 회의, 콜로키움, 방송 토론, 공청회, 후보자 토론, 국회의 정책토론, 법정 토론 등이 있다. 현장 토론은 다시 진행 형식이나 방식에 따라 원탁토론, 포럼, 패널 토론, 심포지엄, 세미나, 회의, 콜로키움 등과 토론이 벌어지는 장소 혹은 매체를 기준으로 방송 토론, 공청회, 후보자 토론, 국회의 정책토론, 법정에서의 토론 등으로 세분화 할 수 있다. 이렇듯 일일이 열거하기 어려울 정도로 토론의 형태는 다양하다. 그리고 어떤 기준을 적용하는

가에 따라 여러 유형으로 분류된다.

토론 참여자의 자세와 역할

토론 참여자의 기본자세

　　토론에 참여하는 구성원은 토론자, 사회자, 그리고 청중이다. 물론 토론대회의 경우 이들 외에 심사위원 혹은 심판이 존재한다. 토론이 생산적으로 이루어지려면 이들 구성원들이 각자 맡은 역할을 제대로 수행해야 한다.

　　그러나 토론에 참여하는 사람들의 자세는 '토론'의 형식을 취한다고 해서 특별할 것도 없고, 또 '토론자' 혹은 '사회자'라고 해서 달라지는 것도 아니다. 기본적으로 말하는 사람이 지켜야 할 기본자세는 비슷하기 때문이다. 말의 논리를 중시해 온 서구에서나 말보다 행동을 중시하는 우리의 전통적인 말문화에서나 말이 그 사람의 인간됨을 드러낸다는 인식은 다르지 않다. 아무리 말솜씨가 뛰어난 사람이라 해도 그에게 신뢰가 가지 않으면 아무도 그의 말을 믿지 않는 게 동서고금을 통해 입증된 사실이다.

　　현대 민주사회가 지향하는 토론은 토론에 참여하는 사람들에게 보다 세분화된 역할과 자세를 요구함으로써 합리적이고 효율적인 갈등의 해결을 기대한다. 특히 '교육토론'의 경우 일상에서 접하는 토론과는 달리 좀 더 형식을 갖추어 학습함으로써 교육적 효과를 배가시키고자 한다. 따라서 토론 참여자 모두가 토론 형식에 맞게 일정한 역할과 바람직한 자세에 대해 사전 충분히 숙지할 필요가 있다.

　　토론에 참여하는 사람들이 지켜야 할 기본적인 자세를 정리해 보면 다음과 같다.

㉮ 공공성과 공익성에 대한 배려

토론은 민주사회를 완성하는 의사소통의 방식이다. 토론은 개인의 갈등과 문제를 풀어가기 위한 수단이지만, 그 개인이 속한 공동체가 안고 있는 문제를 해결하는 데 보다 중요한 목적이 있다. 따라서 논제의 범위가 특정 집단의 이익과 관련된 것이라 하더라도 토론에 참여하는 사람들은 그 토론이 궁극적으로 공동체의 삶에 어떻게 작용하는지를 고려하여 올바른 판단을 내리도록 노력해야 할 것이다.

㉯ 정직하고 책임 있는 발언

토론에 참여하는 모든 사람은 우선 정직해야 한다. 논거로 활용한 자료가 있다면 명확히 그 출처를 밝혀야 하며, 왜곡하거나 조작해서는 안 된다. 이와 관련하여 미국 토론협회 토론윤리헌장의 대강을 살펴보자.

○ 토론자는 조작되고 왜곡된 증거를 토론에 사용해서는 안 된다
○ 토론자는 타인의 것을 표절해서는 안 된다
○ 자신의 토론 내용은 직접 연구 조사한 것이어야 한다
○ 토론자는 정직해야 하며 정정당당하게 선의의 경쟁을 해야 한다

㉰ 상호 인격 존중의 자세

토론에 참여하는 모든 사람들은 상대방의 인격을 존중해야 한다. 토론이 한창 고조되면 자신의 주장에 빠져 상대방을 무시하는 표현이나 태도가 나오기도 하는데, 이를 삼가야 한다. 끝까지 상대방의 주장을 역지사지의 마음으로 이해하고 경청하는 자세가 필요하다.

앞서 토론의 논리를 학습하는 과정에서 배운 '오류'에 관한 부분도 토론자의

윤리적 자세가 그 근간이 된다. '인신공격의 오류'나 '허수아비의 오류', '우물에 독 풀기' 등 익히 알고 있는 고전적인 오류들은 논리를 따지기 이전에 말하는 자의 도덕적 기본자세를 묻고 있다. 상호 인격 존중의 자세만으로도 우리는 토론의 논리적 오류를 상당 부분 피할 수 있다. 상대를 이해하고 배려하는 마음가짐이야말로 토론의 기본 바탕이 되어야 하는 것이다.

지금까지의 설명은 토론 참가자들의 자세가 정직성과 책임감에 기초해야 함을 강조한 것이었다. 그런데 여기서 책임감 있는 말이란 토론하는 과정에서만 나타나는 것이 아니어서 지키기가 쉬운 일이 아니다. 신뢰할 수 있는 자료가 있다 하더라도 신뢰할 수 없는 사람이 제시할 때, 그 사람의 말은 설득력을 잃기 때문이다. 따라서 토론에 참여하는 사람은 평소에도 책임 있는 언행으로 신뢰를 얻어야 한다. 앞서 제시한 세 가지 기본자세는 결코 독립된 영역이 아니고, 서로 밀접하게 관련되어 있다. 이 내용을 바탕으로 토론자, 사회자, 청중이 가져야 할 각각의 역할과 자세에 대해 좀 더 살펴보기로 하자.

토론자의 역할과 태도

자유로운 분위기에서 토론자들이 시간에 구애받지 않고 토론을 할 수 있다면 이상적이겠지만 현대사회에서는 그렇게 되기 힘들다. 또 이는 효율적이지도 않다. 제한된 시간에 충분히 합리적인 토론을 하는 것이 바로 이 시대가 요구하는 토론이다. 따라서 토론자들이 토론의 형식에 맞는 규칙과 절차에 입각하여 토론을 진행해야 생산적인 결과를 이끌어 낼 수 있다.

토론자들이 잊지 말아야 할 것은 훌륭한 토론은 논제에 대한 두 답변을 청중에게 제공하는 정직한 행위여야 한다는 점이다. 그리고 청중들은 토론자가 논증하는 과정만이 아니라 토론자의 표현과 태도에 의해서도 설득당한다는 사실을 잊지 말아야 한다.

㉮ 규칙 준수

토론에서 규칙 준수는 토론자가 가져야 할 가장 중요한 태도이자 의무이다. 따라서 토론 참여자는 토론의 진행방식과 규칙에 대해 잘 알고 있어야 한다. 토론의 유형이나 토론을 주최하는 집단의 요구에 따라 지켜야 할 규칙들은 조금씩 다르다. 발언 기회와 시간 배정에 대한 간단한 규정에서부터 입론과 반론, 확인질문 등 토론에 임하는 역할과 방법, 혹은 언어적, 비언어적 표현에 이르기까지 그 범주는 광범위한 규칙으로 포괄된다. 앞서 제시한 토론의 기본자세를 하나의 토론 규칙으로 제시해 놓은 경우도 있고, 교육토론이나 토론대회 등의 경우에서처럼 보다 엄격하게 규칙의 세부항목을 설정해 놓기도 한다.

토론의 규칙에서 자주 언급되는 내용들 가운데 항상 빠지지 않는 항목은 발언의 순서와 시간 배정이다. 토론자가 발언 순서를 어기거나 정해진 시간을 초과하는 경우가 많기 때문이다. 토론은 토론자에게 동일한 발언 기회와 시간을 부여하는 기회 균등을 원칙으로 한다. 토론자는 반드시 일정한 순서를 지켜 주어진 시간 안에 자신의 주장을 펼쳐야 한다. 사회자가 있는 경우 사회자의 지시를 따르면서 규칙을 준수해 나가면 된다.

㉯ 적확한 언어 사용과 예의바른 태도

이천 년 전 로마의 키케로는 말하는 사람의 세 가지 의무로 '분명하게 말할 것, 재미있게 말할 것, 설득할 것'을 제시한 바 있다. 키케로의 말은 모두 듣는 자에 초점을 두고 있다. 즉, 청중이 알아듣도록 명확하게 말해야 하며, 청중이 관심을 갖도록 흥미로워야 하고, 또한 청중이 동감하도록 설득해야 한다는 것이다. 이는 오늘날 토론자가 지켜야 할 언어와 태도에도 시사하는 바가 크다. 효과적인 발언을 하기 위해서는 상대방 토론자뿐만 아니라 청중에 대해서도 배려하는 태도와 자세가 필요하다.

토론자는 무엇보다 어법에 맞는 말로 분명하고 정확하게 표현해야 한다. 지나치게 학술적이거나 어려운 용어 사용은 자제해야 한다. 무슨 주장을 하는지 사람들이 알아들을 수 있도록 정확하고 간결하게 말하는 것이 중요하다. 효과적인 전달을 위해 목소리의 크기와 속도, 음색, 그리고 억양의 고조와 강약을 통해 청중들이 지루하지 않게 받아들일 수 있는 표현 방법도 익힐 필요가 있다. 같은 내용의 주장이라 하더라도 어떤 언어를 가지고 발화했는가에 따라 큰 차이가 날 수 있다. 그뿐만 아니라 무의식적으로 전달되는 비언어적 메시지에도 주의해야 한다. 무심코 나오는 손짓 하나가 주장의 논리와 무관하게 의사전달 수단이 될 수 있고, 경우에 따라서는 그러한 메시지가 언어보다 더 강하게 또 다른 갈등의 소지를 제공할 수 있기 때문이다.

말을 삼갈 줄 아는 것을 더 중요하게 생각했던 우리의 전통문화는 결코 진부한 가치가 아니다. 시대를 초월해 예의바른 태도는 그 말의 쓰임을 보다 진솔하게 하는 요인으로서 토론자들이 소홀히 해서는 안 될 가치다.

다 협동정신과 리더십 발휘

토론은 여러 사람이 모여 가장 합리적인 해결책을 모색해 가는 과정이다. 따라서 토론의 승패는 토론자 개인의 능력에만 좌우되지 않는다. 구성원들이 협력해서 하나의 주장을 이끌어내고 함께 주어진 문제를 해결해 나갈 것인가는 매우 중요하다. 특히 교육토론에서 토론자의 협동정신 발휘는 공동의 목표와 과제를 해결해 가는 과정에서 필수적인 요소에 해당한다. 토론자들 간의 긴밀한 협조가 없다면 토론은 쓸데없는 시간 낭비가 되고 말 것이기 때문이다. 그리고 그에 비례하여 토론에 참여한 개인의 불만족 역시 높아질 수밖에 없다. 저마다의 주장이 난

무하여 분열을 초래하는 것도, 토론 참여자들이 아무런 갈등 없이 만장일치를 이루는 것도 바람직한 것만은 아니다. 갈등이 없는 일치는 그 집단 내에 집단사고가 팽배해 있다는 증거이기 때문이다. 이는 분명 경계해야 할 일이다. 그 균형을 유지하도록 하는 것이 리더의 역할이다. 토론의 모든 구성원들은 섬김과 배려의 리더십을 가지고 합리적인 토론이 될 수 있도록 적극적으로 참여하는 마음가짐이 필요하다.

라 최종 결과에 승복

토론자는 토론의 결과를 납득하고 받아들여야 한다. 토론을 통해 최종적으로 합의된 결과를 따르지 않는다면, 그 토론은 의미가 없게 된다. 이미 내려진 결론을 번복하거나 그 결론에 동의하지 않는 태도는 바람직하지 못하다. 토론은 결코 승패가 전부가 아니다. 상대방을 설득시키지 못했다고 해서 토론이 끝난 것은 아니다. 토론은 늘 새로운 상황에서 새로운 관점으로 다시 시작된다. 따라서 본인의 주장이 설득력을 발휘하지 못했을 경우 그 이유를 분석하고 성실한 자세로 다음을 준비하는 태도가 필요하다.

사회자의 역할과 태도

토론에는 사회자가 있는 경우가 있다. 사회자는 토론을 원활하게 진행하고 조정해 나가는 역할을 수행한다. "유능한 사회자는 돌머리도 생각하게 한다"는 말이 있다. '돌머리'라는 말이 청중을 폄하하는 듯한 감이 없지 않지만, 그만큼 사회자는 단순한 진행과 조정을 넘어 영향력을 크게 미치는 존재다.

토론은 상황에 따라 예측하기 어려운 요인들의 영향을 많이 받는다. 때문에 사회자의 역할 또한 고정되어 있지 않다. 그러나 토론을 이끌어가는 존재로서 사회자에게는 담당해야 할 기본적인 역할이 있고, 이는 매우 중요하다. 그래서 토론을 평가할 때 사회자를 따로 평가하고 우수한 사회자는 상을 주기도 한다.

토론 진행 순서에 따른 사회자의 역할을 살펴보면 다음과 같다.

첫째, 토론 전 토론의 장소와 참가자의 좌석을 정한다. 특정인 혹은 특정 집단에 편향된 배려가 드러나는 좌석 배치를 삼가고 중립적인 배치를 해야 한다.

둘째, 토론이 시작되면 토론 참여자를 소개한다. 사회자는 토론자와 청중들에게 인사하고 토론자를 소개한다. 토론자를 소개할 때는 중립적인 태도를 취해야 한다. 특정한 사람을 더 부각시키는 것은 삼가야 한다. 물론 특별히 초대된 손님일 경우는 좀 더 예우해도 나쁘지 않다. 그리고 청중에 대한 소개도 간단히 해주는 것이 좋다. 공동체 의식을 형성하기 위한 출발점이 되기 때문이다.

셋째, 토론에서 다룰 논제를 소개하고 논제 설정의 배경과 의의를 설명한다. 이때 논제를 말하고 그 속에 담긴 문제를 부각시킨다. 논제 소개는 토론 참여자 소개에 앞서 진행해도 상관없다.

넷째, 토론의 규칙과 토론 방식을 소개한다. 토론자에게 배정된 시간과 발언 기회, 그리고 토론 후 판정 방식 등에 대해 명확하게 설명한다.

다섯째, 발언권을 토론자에게 넘긴다. 토론이 본격적으로 시작되면 사회자는 주의 깊게 토론이 전개되는 과정을 경청하면서 그 추이를 따라가야 한다.

여섯째, 사회자는 토론에 가급적 개입하지 않는 것이 좋다. 그러나 토론 중에 토론자들이 논점을 이탈하거나 모호한 발언을 한 경우 이를 분명하게 지적해 주어야 한다. 토론자들이 과열된 논쟁에 휘말리게 되면 종종 논리적 사유능력이 저하되기 때문에 사회자가 이를 조정해 주는 것이 필요하다.

일곱째, 토론의 규칙을 어기는 토론자가 있을 경우 이를 제지해야 한다. 배정된 발언 시간 혹은 순서 등을 지키지 않을 때 이를 제한하거나 조정하되, 갑자기 말을 끊는 것은 바람직하지 않다. 능숙한 사회자일수록 개입하지 않고 토론자들의 자발적인 규칙 준수를 유도한다.

여덟째, 사회자가 토론자의 의견을 정리할 때, 어느 한쪽으로 편향된 발언을 해서는 곤란하다. 사회자에 가장 중요한 역할은 중립을 지키는 일이다. 이에는 언어적인 요소뿐만 아니라 비언어적 행동도 포함한다. 고개를 끄덕이는 것과 같은 무의식적인 비언어적 행동도 어느 한쪽의 견해를 수긍하는 표현으로 비칠 수 있기 때문이다. 사회자는 자신의 개인적인 견해가 개입되지 않도록 세심한 주의를 기울여야 한다.

아홉째, 토론이 원활하게 진행되지 못할 때는 토론의 핵심 문제와 연관된 새로운 자극을 제공하는 것도 좋다. 토론자들에게 아직 해답이 발견되지 않은 질문을 던져보거나 진술들 사이의 모순에 주의를 환기시키는 등 문제의 새로운 측면을 토론에 끌어들일 수 있는 것이다.

마지막으로, 토론이 끝나면 사회자는 토론을 통해 얻은 성과가 무엇인지 정리해 줄 필요가 있다. 그리고 이후 더 논의되어야 할 문제를 언급하고 인사말로 마무리 짓는다.

청중의 역할과 태도

언뜻 토론에서 청중은 서로 다른 의견을 가진 토론자들이 제공하는 정보와 주장을 그저 잘 듣고 있기만 하면 되는 수동적인 존재처럼 보일 수 있다. 그러나 토론에서 청중이 차지하는 위치는 토론자나 사회자 못지않게 중요하다. 토론자들이 토론을 준비할 때 가장 먼저 고려하는 요소가 바로 청중이다. 청중은 단순히 토론자의 분석 대상에 머무는 존재가 아니다. 경우에 따라 청중은 토론자처럼 자신의 의견을 주장하기도 하고, 서로 대립하고 있는 토론자에게 예리한 질문을 던짐으로써 공공의 입장에서 고려되어야 할 문제를 제기하는 역동적인 존재가 되기도 한다. 또한 청중은 토론의 정황이나 결과를 판단하는 결정적인 심판관이 된다. 따라서 청중은 기본적으로 토론자와 함께 공동의 문제를 풀어가겠다는 의식을 가지고 토론에 주체적으로 참여해야 한다.

청중이 지켜야 할 올바른 자세와 태도를 정리하면 다음과 같다.

첫째, 청중도 토론의 논제에 대한 충분한 이해와 나름대로의 의견을 가지고 있어야 한다.

둘째, 토론이 진행되는 중에 조용히 경청하는 것은 기본이다. 청중들의 비언어적 메시지가 토론자나 사회자에게 미치는 영향을 고려해서 특정한 비언어적 행동은 삼가야 한다.

셋째, 청중은 토론의 전체 진행 방식과 규칙에 대해 숙지하고 있어야 한다. 청중에게 발언 기회를 주지 않는 한 토론에 끼어들어서는 안 된다. 사회자가 진행하는 방식에 따라 규칙을 준수하고, 발언 기회가 주어졌을 때 간결하고 명확하게 발언해야 한다.

넷째, 자신의 발언이 특정 토론자를 지지하거나 비난하는 것이어서는 안 된다. 토론 참여자의 기본적인 윤리를 지켜 예의바른 태도로 말해야 한다.

다섯째, 판정을 내릴 경우 청중은 토론 평가의 기준과 방법을 정확하게 인식하고 있어야 한다. 일시적인 기분이나 개인의 성향, 혹은 특정 집단에 대한 이해에 좌우되어 평가해서는 안 된다. 토론자들의 주장을 정확하게 듣고 메모하면서 중간평가를 내리고, 최종적으로 이를 종합하여 판정하는 것이 바람직하다.

연습 실제 수업에서 토론을 실행한 후 토론자와 사회자, 청중이 보여 준 문제점들을 제시해 보고, 각각의 역할에 맡는 바람직한 자세는 무엇인지에 관해 함께 논의해보자.

02
토론의 준비

논제 선정

신문과 방송에서 전개되는 토론의 제목을 보면 그 시기의 사회적 관심사가 무엇인지, 그리고 찬반 양측이 어떻게 대립하고 있는지를 쉽게 알 수 있다. 토론 교육에서는 그 제목에 해당하는 토론거리를 논제(論題) 또는 중심질문이라고 부른다. 토론 논제는 갈등 사안 및 핵심 쟁점에 대해 찬반이 명확히 구분되게끔 제시한 명제를 뜻한다.

토론식 수업이 확대되는 최근 추세를 감안할 때, 학생 스스로 논제를 선정할 기회가 많아질 것으로 예상된다. 그와 같은 요구에 부응하여 좋은 논제를 도출하려면 적절한 쟁점을 선택하고, 그 결과를 적절한 문장으로 표현하는 과정을 잘 수행해야 한다.

㉮ 적절한 쟁점을 선택하기 위한 조건

좋은 토론이 되기 위해서는 논제의 배경이 되는 쟁점이 시의성, 공공성, 대립성의 조건을 충족해야 한다.

첫째, 시의성은 현재 논란 중에 있는 사안을 다루어야 함을 말한다. 스크린 쿼터 존폐 논란은 2008년에는 영화계를 넘어 국민적 관심사였지만, 한국 영화산업이 충분히 성장한 지금에 와서는 관심을 끌기 어렵다. 어제의 쟁점이 반드시 오늘의 쟁점일 수는 없기에 적절한 논제 선정을 위해서는 사회 현안에 대해 꾸준히 관심을 가져야 한다.

둘째, 공공성은 논란 중인 사안이 공공의 문제여야 한다는 뜻이다. 창조론의 진실성 여부처럼 일부 집단의 관심이 반영된 사안, 정치인이나 연예인의 사생활처럼 개인적 호기심과 관련된 사안, 특정 인종에 대한 혐오감을 부추기는 사안 등은 배제되어야 한다. 반면에 의약분업 문제나 장애인학교 신축 문제같이 일반 국민 모두가 그 사안에 대해 이해 대립의 직접 당사자가 아닐지라도 공동체의 가치 의식과 관행에 중대한 영향을 미치는 사안인 경우 공공의 쟁점으로 볼 수 있다.

셋째, 대립성은 논란 중인 사안에 대해 찬반 양측이 명백하게 대립 구도를 띠어야 한다는 의미다. 토론에 참여하는 대다수 사람들이 한쪽 의견을 지지한다면 효과적인 토론이 이루어지기 어렵다. 예컨대 독도 문제나 고구려사 문제의 경우 그 자체만으로는 국내에서 찬반 대립이 뚜렷이 형성되기 어려운 사안이다. 따라서 토론 논제로 삼기에 적합하지 않다. 그러나 이 사안에 대한 국가적 대응이 강경책이어야 할지 유화책이어야 할지를 놓고 쟁점화한다면 상호 배제적인 입장에서 대립성 조건을 충족시킬 수 있다.

㉯ 쟁점을 문장으로 만드는 원칙

적절한 쟁점을 선택했다면 이제 그것을 문장화하는 작업, 곧 논제화 작업을 수행해야 한다. 그 구체적인 방법은 다음과 같다.

첫째, 논제를 문장화할 때 구체적인 사안에 대해 하나의 중심질문만을 던져야 한다. 갈등 당사자들은 개입된 정도에 따라 다양한 쟁점들을 생성시키지만, 그 가운데서도 가장 뚜렷하게 대립하고 있는 지점을 찾아 그것에 기초해 질문을 던져야만 찬성과 반대가 명확하게 나뉜 구도에서 토론을 진행할 수 있다.

둘째, 논제는 현 상황(status quo)을 변화시키려는 쪽의 주장을 중심으로 제시해야 한다. 현 상황에 비판적인 측의 문제제기가 없다면 토론은 행해질 수 없다. 문제를 인식한 쪽이 사태를 변화시키려는 의도를 담은 논제를 제출할 때 비로소 토론이 가능해진다. 이때 변화의 주창자는 논제에 대해 찬성 측이 되고, 현상 유지의 옹호자는 반대 측이 된다. 논제가 이러한 원칙에 입각하여 설정되면, 변화를 제안한 찬성 측이 변화의 필요성과 그 효과를 입증할 부담(the burden of proof)을 자연스럽게 지게 된다.

셋째, 논제는 구체적인 변화의 방향을 담은 긍정문의 형태로 제시되어야 한다. 가령 "고교생 두발 제한, 폐지해야 한다"는 논제가 주어진 경우 현상을 변화시키려는 측에서 "예"라고 대답할 수 있다는 점에서 타당하다. 그러나 '폐지'에 동의하는 사람들도 폐지의 목적을 두고서 상이한 견해를 가질 수 있다. 따라서 찬성 측이 원하는 방향을 더욱 분명하게 긍정문의 형태로 서술함으로써 토론의 합리성을 높일 필요가 있다. 학생 자치권의 실질적 확대가 찬성 측의 목표라면, "고교생 두발 제한, 학생 투표에 맡겨야 한다"는 문장이 적당하고, 기본권인 표현의 자유를 목표로 했다면, "고교생 두발 표현의 자유, 허용해야 한다", 또 다른 기본권인 신체의 자유가 목표였다면, "두발 단속 방법, 학생 동의를 구해야 한다"는 문장이 논제로 적절할 것이다.

넷째, 논제는 중립적인 언어 표현으로 제시되어야 한다. 찬성 측의 편견이 개입된 표현은 반대 측의 토론 불참을 유도하거나 토론의 신뢰성을 훼손할 수 있다. "백해무익한 흡연을 막기 위해 담뱃값을 올려야 한다", "반인륜적 사형제도, 폐지해야 한다" 등의 논제는 토론 전에 반대 측이 동의하기 어려운 표현을 담고 있기 때문에 적절치 못하다. 이와 관련하여 한 가지 주의해야 할 점은 사회적 갈등 상황에서 당사자들이 특별히 선호하는 용어 표현이 있다는 사실이다. 1980년대 후반부터 2000년대까지 한국사회에서 논란거리였던 '방폐장 부지 선정 문제'의 경우 정부는 '원전수거물관리센터'라는 용어를 사용하여 안전성에 문제가 없는 수거물 관리 시설임을 강조하려 했던 반면, 환경단체는 '핵폐기장'이란 용어의 사용을 통해 방사능 오염 물질의 위험성을 강조하려고 했다. 이러한 사례에서 알 수 있듯이 논제 선정을 위해서는 최대한 중립적 표현을 찾아야 한다. 그것이 어려울 경우 '중저준위 방사능폐기물 처분 시설'과 같이 법률 또는 학문적으로 공식화된 표현을 사용해야 한다.

논제의 유형

좋은 토론자는 논제를 정확히 분석하고, 이를 토대로 그 상황에 맞는 토론 전략을 세운다. 논제의 중심질문의 성격에 따라 토론 전략이 달라져야 한다는 사실을 잘 이해한 사람일수록 토론 준비에 드는 수고를 줄일 수 있다. 토론 논제는 중심질문의 특성을 기준 삼을 때, 다음 세 가지 유형으로 분류해 볼 수 있다.

가 사실논제

사실논제는 특정 사안에 대해 참과 거짓으로 양측의 입장을 구분할 수 있는 논제다. 사실논제의 토론에서 찬성 측은 어떤 사실이 실제로 발생하였다고 주장하는 반면, 반대 측은 그것이 거짓임을 주장하게 된다. 사실논제를 다룬 토론의 가장 좋은 예는 법정의 공판이다. 법정 공판에서는 피고소인이 실제 범행을 저질렀는지, 만약 저질렀다면 범행이 형법상 어떤 범죄 구성에 해당하는지, 체포와 수사는 적법 절차에 따라 이루어졌는지를 중심으로 그 진위를 둘러싼 공방을 벌이게 된다. 사실논제는 법정 바깥의 토론에서도 다루어진다. "고구려사는 중국의 역사인가?"처럼 과거의 역사적 사실을 둘러싼 논쟁이나, "중국의 부동산 시장, 내년에 붕괴할 것인가?"처럼 현 상황의 분석을 근거로 제기된 예측 등도 사실논제가 될 수 있다.

🟥 가치논제

가치논제는 평가적 주장을 담고 있는 형식의 논제다. 이에는 특정 현안에 대해 승인할지 부정할지에 대한 가치판단이 필수적으로 포함된다. 가치 문제는 참 또는 거짓으로 판정할 수 없는 사안이다. 따라서 가치논제는 중심 질문에 대해 '옳다 / 그르다', '우월하다 / 열등하다', '선하다 / 악하다', '좋다 / 나쁘다', '바람직하다 / 바람직하지 않다' 등과 같은 도덕적·윤리적 판단이 가능하도록 제시되어야 한다. '아름답다 / 추하다'와 같은 미적 판단 역시 가치논제가 다루는 영역에 속한다.

특정 정책과 관련되지만 그 내용보다는 가치평가에 주력하는 논제를 준(準)정책논제(quasi-policy proposition)라 부른다. "국책사업, 여론에 따라야 한다"는 논제의 경우, 개별 국책사업의 시행 여부를 묻는다기보다 민주주의의 본질에 대한 성찰적 요구에 해당한다는 것을 알 수 있다. 이 토론 참여자들은 민주주의의 대의제와 참여의 관계, 엘리트와 대중의 관계 등에 대해 가치 평가의 관점에서 논쟁을 펼칠 수 있을 것이다.

다 정책논제

정책토론에서는 찬성 측이 현상 변화를 위해 특정 정책을 제안하면서 그것이 반드시 채택되어야 함을 주장하게 된다. 그리고 반대 측은 이러한 찬성 측의 주장에 동의하지 않는 입장을 취하게 된다. 정책토론에 사용되는 정책논제는 주로 입법부의 법률안 심사나 정부기관의 정책 심사에서 볼 수 있다. 물론 기업과 학교 같은 조직에서도 광범위하게 정책논제는 제기된다. "기준 금리, 동결해야 한다", "차별금지법, 제정해야 한다"와 같은 정책논제는 우리의 일상과 인터넷·TV 토론 등에서 쉽게 접할 수 있는 논제다.

정부 또는 소수의 전문가에 의해 정책이 수립되고 시행되었던 과거와 달리 현재는 국민주권의 원칙에 따라 의제 선정, 정책 수립, 집행 및 평가 등 모든 부분에서 시민 참여가 활성화되었다. 그 결과 정책토론의 중요성이 더욱 강조되고 있다. 정책토론의 활성화는 1990년대 이후 새롭게 주목받은 심의민주주의(deliberative democracy)가 작동할 수 있는 바탕이기도 하다.

연습

  다음의 진술이 각각 어떤 유형의 논제인지를 판별해보자.

① 낙태, 정당하다.
② 외계인, 존재한다.
③ 인공지능, 미래의 재앙이다.
④ 사형제, 폐지해야 한다.
⑤ 낙태, 합법화해야 한다.
⑥ 사교육, 개인의 선택에 맡겨야 한다.
⑦ 스크린쿼터, 필요하다.

❷ 다음의 진술이 논제로서 부적절한 이유를 찾아 지적해보자.

① 호주제, 철폐해야 한다.

② 지구의 역사는 6천 년이다.

③ 촌지, 근절해야 한다.

④ 학교 무상급식, 무엇이 문제인가?

⑤ 위험천만한 원전, 그만 건설해야 한다.

⑥ 사형제, 존치해야 한다.

⑦ 삼불정책, 폐지해야 한다.

⑧ 성폭행범죄, 대책이 필요하다.

❸ 지난 3개월간 우리 사회에서 논란이 되고 있는 쟁점을 찾아 제시해보자.

❹ 다음 예시를 참조하여 자신이 찾은 쟁점을 사실, 가치, 정책 논제로 문장화해보자.

예시 **내가 찾은 쟁점** : '영상물등급 심의 제도 관련 논란'
　　사실논제 : 영상물등급 심의는 영화산업 발전을 저해한다.
　　가치논제 : 영상물등급 심의는 표현의 자유를 제약한다.
　　정책논제 : 영상물등급 표기는 영화사 자율에 맡겨야 한다.

논점 분석

논제의 성격과 종류를 익혔다면, 이제 논제의 성격에 따른 토론 준비 과정과 방법을 익혀야 한다. 유능한 토론 준비자는 논제에 내포된 핵심 쟁점을 찾아내고, 그에 따른 체계적인 분석을 실행한다. 이 과정을 '논점 찾기'라고 한다. 실제 토론 과정에서 찬반 양측은 대립되는 쟁점들 하나하나에 대해 자신들의 주장을 뒷받침할 논리적 근거와 경험적 사례들을 제시하게 된다. 그리고 청중들은 대체로 개별 쟁점들을 둘러싼 찬반 양측의 논증 가운데 더 타당하다고 판단되는 쪽에 지지를 보낸다. 따라서 토론 참가자들은 첨예하게 대립하는 쟁점들에 대해 설득력 높은 근거를 제시하는 데 힘을 기울여야 한다. 사안별로 쟁점을 찾아내는 일은 그 자체로 어려운 과정이다.

논점을 가장 쉽게 찾고 분석할 수 있는 방법으로 다음 두 가지 모형이 있다. 대립적 정체 모형(stasis model)과 기본 논점 모형(stock issue model)이 그것이다. 생소한 이름의 이 모형들을 실제 토론를 위한 준비 과정에서 이용하면 매우 간단히 논점을 정리해낼 수 있다. 사실논제의 경우에는 대립적 정체 모형이, 정책논제의 경우에는 기본 논점 모형이 적합하다.

논제 유형	논점 분석 적용 모형
사실논제	대립적 정체 모형
정책논제	기본 논점 모형

대립적 정체 모형

대립적 정체 모형은 사실논제와 가치논제의 논점을 분석하는 데 적합하다. 이 방법은 고대 그리스와 로마 시대 수사학에서 중시되었을 정도로 그 연원이 깊다. 대립적 정체에 해당하는 "stasis"라는 단어는 대립하는 상호 간의 힘이 팽팽히 맞서다 잠정적으로 균형을 이루는 '역동적 정지'(dynamic pause) 상태를 뜻한다. 이러한 사전적 정의에서 유추할 수 있듯이 이 모형은 사실논제의 토론을 위한 논점 분석에 적합한 방법이다. 찬반 양측의 주장이 나름의 근거를 갖고 대립하면서 갈등하는 상태를 전제로 작동하기 때문이다. 찬반 양측이 어떤 지점에서 대립하는지를 알게 되면, 토론 전략의 수립과 자료 준비에 큰 도움이 된다. 이 모형을 이용한 4단계 논점 찾기 방법을 소개하면 다음과 같다.

가 추정된 사실은 진실인가

1단계에서는 논제에서 추정(근거가 생략된 채 주장된 것)하고 있는 찬반 양측의 서로 다른 사실 관계 판단이 충돌한다. 예컨대 누군가가 범죄를 저질렀다는 이유로 고소되었다면, 그 추정 사실로 '그 사건은 실제로 일어났는가?', '누가 범인인가?' 등의 내용이 제기될 수 있다. 법정에서는 이러한 추정 사실(고소장에 적시된 내용)의 진위를 두고 원고와 피고가 각각 찬성과 반대의 입장에서 공방을 펼치게 된다. 이를 '추정을 둘러싼 대립적 정체'(conjectural stasis)라고 부른다.

나 추정된 사실에 대한 정의는 적절한가

2단계에서는 추정된 사실을 어떻게 정의하는가가 쟁점이 된다. 예컨대 형사재판에서는 사망 사건과 관련되어 기소되었다고 해서 모두 살인범죄가 성립되지는 않는다. 계획적인 살인인지 폭행 치사인지, 때로는 정당방위에 해당하는 것인지 등의 논란이 벌어질 수 있기 때문이다. 이러한 법정 공방의 경우 해당 사건이 어떤 형법 조항에 적용되는 것이 타당한가가 논점이 된다. 이와 달리 일반적인 토론에서는 논제와 관련된 핵심어의 함의를 토론 참여자들이 자신의 관점에서 목적 의식적으로 규정하기 때문에 중립적인 용어 정의 그 자체가 하나의 논점이 될 수 있다.

다 상황에 대한 판단은 적합한가

3단계에서는 해당 논제에 대한 적절한 해석이 문제된다. 앞서 형사재판의 경우 사실 관계와 적용 범주만 판별되면 재판이 쉽게 종료될 것이라고 속단할 수 있다. 그러나 문제가 그렇게 단순하지 않다. 실제로 범죄행위가 정당화되거나 용서받는 경우가 있다. 규칙과 개념에는 언제나 예외가 존재한다. 이는 사실과 가치를 둘러싼 보편적 원리에 대해 심사숙고하게 만든다.

라 정해진 절차를 제대로 지켰는가

4단계는 논증 또는 분쟁의 전개 과정에서 참여자들을 통제할 규칙과 관련된다. 고대 그리스에서는 피의자에 대한 고소가 적절히 문장화되었는가를 두고 절차적 논쟁을 펼쳤다. 현대 미국에서는 미란다 원칙에서 볼 수 있듯이 체포 및 인신 구속의 적법성, 나아가 피의자 조사 과정에서 변호사의 조력을 받을 권리 등을 보장했는가와 같은 절차의 적법성을 중시한다. 물론 절차 문제는 범죄 자체에 내재된 핵심 쟁점이 아니라고 말할 수도 있다. 그럼에도 불구하고 형사재판은 물론 다양한 사회적 갈등 상황에서 절차의 적법성은 논쟁의 핵심을 구성한다. 그리고 이는 갈등 해결의 정당성과 관련하여서도 중요한 의의를 갖는다.

기본 논점 모형

기본 논점 모형에는 구체적인 정책 실행 여부를 둘러싼 논쟁에서 최소한 논의되어야 할 핵심 요소들이 유형별로 포함된다. 실제 논제를 분석하는 과정에서 이러한 기본 요소들에 주목해서 차례대로 논점을 정리해 간다면 자료 조사에 걸리는 불필요한 시간과 노력을 줄일 수 있다. 정책토론의 논점 분석은 네 개의 핵심 질문과 두 개의 보조 질문에 대해 자신의 생각과 근거를 제시함으로써 대체로 해결된다. 우리 사회의 토론은 대부분 정책논제를 중심으로 전개되므로, 이 모형에 친숙해진다면 공공정치에 참여할 수 있는 토론 자질을 효과적으로 갖출 수 있다.

㉮ 현 상태의 문제점이 정책 변화를 요구할 만큼 심각한가

변화에 대한 요구는 언제나 현 상태에 대한 불만에서 제기된다. 현 상태에 만족하지 못하는 측이 새로운 정책을 제안함으로써 정책 토론이 시작되는 것이다. 그 첫 단계에서의 논점은 현 상황의 문제점(손해)이 긴급한 정책 변화나 행동을 요구할 만큼 심각한가를 따지는 데 있다. 찬성 측은 현 상황이 특정한 사회적 요구를 충족시키지 못한다는 입장에서 그 정도가 매우 심각하여 긴급한 정책 변화나 일련의 행동을 시행하지 않을 경우 커다란 사회문제가 될 수 있음을 입증하려 할 것이다. 이에 반해 반대 측은 찬성 측의 현실인식이 잘못되었음을 지적하거나, 또는 현 상황이 문제가 없는 것은 아니지만 그렇다고 성급하게 현 상태를 변화시킬 근거가 없음을 지적할 것이다. 만약 반대 측이 이 단계에서 찬성 측이 제시한 주장에 동의한다면, 토론은 다음 단계의 논점으로 이동하게 된다.

㉯ 현재의 제도와 정책으로는 문제점을 해결할 수 없는가

앞서 현 상태에 대한 불만이 변화를 추구하는 정책 대안의 내적 동기로 작동한다고 언급하였다. 그런데 변화의 동기에 대해 양측이 동의하더라도 그것이 현재 시행되고 있는 정책의 문제 때문에 비롯된 것인지는 여전히 남는 논점이다. 2000년 제정된 국민기초생활보장법의 입법 과정에서 토론된 내용을 예로 살펴보자. 그 이전에도 영세민 보호를 위한 법률(생활보호법)이 1961년부터 시행되고 있었다. 그러나 그것은 국민의 기본권 보호 차원에서의 기초생활 보장이 아닌 국가의 시혜적 성격이 강한 법률이었다. 수혜 대상도 제한적이었고, 보장 내용 또한 빈약했던 것이다. 찬성 측은 이러한 점을 부각시켜 현재의 빈곤 문제의 책임이 기존의 잘못된 제도와 정책 때문이라고 주장할 것이다. 이에 반대 측은 변화의 필요성에는 동의하지만 그것이 현재의 정책상 문제가 아니라 경제불황과 같은 외생변수 탓이라고 주장할 것이다. 이처럼 변화의 필요성에 동의한다는 것과 그 원인을 현 정책(체계)에서 찾는 관점은 층위가 전혀 다른 논점이다. 이 단계에서는 일차로 현 정책이 문제 상황을 개선하는 데 한계를 안고 있는지에 대해 논의해야 한다. 이어 현 정책이 문제 상황을 초래한 원인인지를 검토해야 한다.

다 찬성 측이 제안한 정책은 실제로 현재의 문제점을 해결할 수 있는가

정책토론에서 가장 중요한 논점은 정책 시행(폐지)을 통해 현재의 문제 상황을 해결할 수 있는지 여부다. 정책토론은 대체로 변화의 당위성에 대해 의견 일치를 보이면서 시작하는 경우가 많다. 그러나 반대 측이 찬성 측의 변화 요구에 동의한다고 해서 특정 정책 대안이 문제 해결에 최선이라는 데 동의한다는 뜻은 아니다. 여기서 찬성 측은 주어진 정책안을 통해 현 상태의 문제점을 해결할 수 있다는 것을 구체적으로 입증해야 할 책임을 갖는다.

한편 반대 측은 찬성 측의 입증 과정에 내재한 문제점만을 지적해도 된다. 문제 상황과 제안된 정책의 연관성이 약해서 효과가 미약할 것이라든지, 그 대안을 통해 문제가 개선될 소지가 없다든지 등의 주장을 제기할 수 있는 것이다. 이 상황에서 반대 측은 반증의 부담을 지지는 않으나, 반증을 요구받을 경우에는 유사한 선행 사례를 들어 대응하는 것이 효과적이다.

🟥 제안된 정책의 기대 효과는 소요비용 대비 더 큰가

주어진 정책 제안의 채택 여부는 단순히 문제 해결 능력만으로 판단되지 않는다. 정책 방향에는 모두가 동의했지만 그것을 준비하고 실행하는 과정에 과도한 비용이 소요된다는 이유로 채택하지 않는 경우도 있다. 정책 채택 여부를 둘러싼 비용과 효과의 대차대조표를 놓고 찬반 양측의 판단이 크게 다른 것이다. 찬성 측은 비용 대비 효과가 크다고 예상하며 대개 사회 통합이나 공동체의 정의 같은 규범적 판단을 강조한다. 반대 측은 일반적으로 비용 대비 기대효과가 낮다는 공리적인 판단을 제시한다. 토론이 생산적이려면 기대효과를 경제적인 것과 비경제적인 것으로 구분하여 따져 볼 필요가 있다. 이 단계에서 찬성 측은 주어진 정책 대안이 경제적으로 환산할 수 없는 가치를 생산할 뿐만 아니라 현실적으로도 이익이 됨을 입증하는 것이 좋다. 대개 반대 측이 '다 좋은데 돈이 너무 많이 든다'는 뚜렷한 논점을 유지할 수 있기 때문이다.

토론 논제에 대한 기본 논점이 무엇인지 이해하면 찬반 양측이 제시할 논거를 객관적으로 예측할 수 있다. 다음의 **연습**에 제시되는 '논점 분석표'를 간단히 작성하는 것만으로도 우리 측뿐만 아니라 상대 측의 주요 논거를 파악할 수 있을 것이다. 토론에서는 나의 주장뿐만 아니라 상대방의 주장이 함께 논의되므로 상대방이 전개할 논점들을 그 입장에서 미리 파악하면 우리 측의 정책 제안에서 미흡한 부분을 선제적으로 보완할 수 있다. 그뿐만 아니라 논점 분석표의 작성은 찬/반 모두의 입장을 준비해야만 하는 교육토론에서 짧은 시간 안에 논점을 정리하는 데 효과적이다.

연습 "비정규직 문제, 시장에 맡겨야 한다"는 정책논제에 대한 〈논점 분석표〉를 작성해보자.

논점 분석표

논제 - 비정규직 문제, 시장에 맡겨야 한다

▲ **1단계 : 새 정책의 배경**

비정규직의 정규직 전환 문제를 시장 자율에 맡겨야 할 만큼 노동 시장의 경직성 문제가 심각한가?

	찬성	반대
주장	노동 시장의 경직성이 심각하다.	정부의 고용 간섭이 심각하지 않다.
증거 1	OECD 국가 중 기업의 고용 유연성이 최하위권이다.	정부의 정규직 전환 요구는 헌법이 정한 노동권을 보호하기 위한 조치이다.
증거 2		

▲ **2단계 : 옛(현) 정책의 한계**

현재 정부 주도의 비정규직의 정규직 전환 정책으로는 노동 시장의 경직성 문제를 해결할 수 없는가?

	찬성	반대
주장	해결할 수 없다.	해결할 수 있다.
증거1	고용 유연성이 극히 낮은 현 상황에서 정규직이 늘면 경영 환경의 변화에 대응할 수 없다.	정규직 전환을 통한 생산성 증가와 소비 증가로 기업은 오히려 고용을 늘리게 된다.
증거 2		

▲ **3단계 : 새 정책의 해결력**
　　　　비정규직의 정규직 전환 문제를 시장 자율에 맡기면, 노동 시장의 경직성 문제를 해결할 수 있는가?

찬성	반대

▲ **4단계 : 새 정책의 비용과 효과**
　　　　비정규직 문제를 시장 자율에 맡겨서 얻게 되는 고용 유연성의 증가를 통한 기업 생산성의 증가라는 이익이 비정규직 근로자의 직업 안정성 침해라는 부작용을 상쇄할 만큼 충분히 가치 있는가?

찬성	반대

* 이러한 핵심 논점 외에 사안에 따라 부가적인 논점(타 대안과의 비교, 절차 준수)에 대해서도 표를 만들어 볼 수 있을 것이다.

자료 조사

효과적인 토론을 위해서는 논거로 쓰일 자료를 찾고 선택하여 정리하는 작업이 필요하다. 자료 조사가 충분치 않으면 주장만 있고 논거 제시는 부족한 토론이 될 수 밖에 없다. 논거를 제시하지 못하면 효과적인 주장을 펼치기 어렵다. 논거에 적합한 자료 조사를 위해서 다음과 같은 세 가지 질문을 던져 보는 것이 필요하다.

- 어떤 자료를 선택할 것인가 (자료 선택)
- 어떻게 자료를 찾을 것인가 (자료 찾기)
- 어떻게 자료를 정리할 것인가 (자료 정리)

자료 선택

논거로 쓰일 자료는 논제의 성격에 맞아야 한다. 앞서 논제 설정과 논점 찾기에서 설명한 것처럼 논제는 '사실에 관한 것', '가치에 관한 것', 그리고 '정책에 관한 것'으로 나눌 수 있다. 어떤 논제의 쟁점이 무엇인지 정확하게 파악하여 거기에 맞게 자료를 선택해야 한다.

㉮ 자료 선택을 위해 필요한 다섯 가지 질문

자료를 선택하기 전에 우선 다음과 같은 사항들을 재확인해야 논제에 적합한 자료를 선택할 수 있다.

- 이 토론에서 쟁점이 되는 용어나 개념의 의미는 무엇인가
- 이 토론을 유발한 직접적인 원인은 무엇인가

○ 이 토론에 참가하는 사람은 누구인가

○ 이 토론과 관련된 기존 신념이나 정책은 무엇인가

○ 이 토론에서 새롭게 제안된 신념이나 정책은 무엇인가

예컨대, '여성할당제, 사기업에도 시행되어야 한다'라는 주제로 토론을 할 경우 자료 선택 과정에서 다음의 사항들을 기본적으로 염두에 두어야 한다.

○ '여성할당제'의 정확한 의미는 무엇인가

○ 왜 이 문제가 제기되는가

○ 이 토론에 참가하는 사람은 누구인가

○ 현재 고용할당제의 적용 범위는 어디까지인가

○ 이 제도를 사기업에 적용하는 것은 어떤 의미가 있는가

나 자료 선택에서 유의할 점

논거로 제시되는 자료는 아래와 같은 것들이 있다. 이 자료들을 논거로 제시할 경우 유의할 점은 다음과 같다.

❶ 개인적 경험이나 관찰

개인적 경험이나 관찰을 일반화하여 논거로 제시하는 경우가 있다. 그러나 개인적 경험이나 관찰은 양적으로 제한되어 있고 대표성이 없으므로 논거로 사용되기에 부적절한 경우가 많다. 이때 흔히 '성급한 일반화의 오류'가 발생한다. 개인적 경험이나 관찰이 논거로 제시 될 경우 다음과 같이 질문해야 한다.

○ 이 사람의 경험이나 관찰이 얼마나 객관적이며 신뢰할 수 있는가

❷ 권위 있는 증언

어떤 논제에 대해 자신보다 전문적인 지식을 더 많이 가지고 있는 사람을 그 문제에 대해 보통 '권위자'로 여긴다. 비전문가보다는 이러한 권위자로서의 전문가가 하는 증언이 자료로서 신뢰성이 높을 가능성이 크다. 그러나 여러 가지 이유로 전문가의 권위 있는 증언도 오류가 있을 수 있다는 점을 잊어서는 안 된다. 논제와 무관하거나 객관적으로 입증되지 않은 편향된 권위자의 증언은 주장의 정당성을 입증하는 논거로 사용될 수 없다. 어떤 권위자의 증언을 논거로 채택할 경우 다음과 같이 질문해야 한다.

○ 이 전문가가 편파적이지 않다고 믿을 만한 충분한 이유가 있는가

❸ 전통에 호소

기존에 인정되어 온 전통적 방식은 보통 안정되고 편안한 느낌을 준다. 그렇다고 해서 그것이 반드시 옳다고 할 수는 없다. 주장의 올바름은 전통에 호소한다고 해서 입증되지는 않는다. 전통에 호소함으로써 주장을 입증하려 할 때, 다음과 같이 질문해야 한다.

○ 기존의 전통에 호소하는 것이 주장을 입증하기에 적합한가

❹ 사례 연구

어떤 문제에 대해 자료로 제시되는 체계적인 관찰 결과가 '사례 연구'다. 사례 연구는 예를 들어 제시하는 일종의 '보기'로서, 그것이 매우 구체적일 경우 설득력 있는 논거로 자주 활용된다. 그러나 이는 주장에 대해 하나의 사례를 보여줄 뿐이지 논증 자체를 보증해 주는 것은 아니다. 아무리 구체적이고 많은 사례를 들

더라도 대표성이 없다면 설득력이 있을 수 없다. 이 경우 우리는 다음과 같이 질문해 보아야 한다.

○ 이 사례는 전형적이며, 강력한 반대 사례는 없는가

❺ 연구 보고

'연구 보고'는 과학적 연구 방법을 통해 관찰한 것을 체계적으로 수집 정리한 것이다. 과학적 연구 방법은 공적으로 확인 가능한 자료에 의존한다. 그리고 정확한 일반화와 해석에 영향을 미칠 수 있는 여타의 요인들을 최소화하며 정확하고 일관된 언어를 사용한다. 따라서 과학적 연구 방법에 기초한 '연구 보고'는 토론에서 주장을 뒷받침하는 가장 좋은 논거로 사용될 수 있다. 그러나 '연구 보고'를 활용할 때 다음과 같은 점에 유의해야 한다.

○ 이 연구 보고가 그 분야에서 현재 훌륭한 것이라고 인정받으며, 이것과 상충하는 다른 연구 보고는 없는가

❻ 표본 조사

연구를 수행하기 위해 사건이나 사람을 선정하는 과정을 '표본 추출'이라고 한다. 표본은 주장을 정당화할 수 있을 만큼 충분히 커야 하며, 다양성을 지녀야 한다. 그리고 표본 추출은 편파적이지 않고 무작위적이어야 한다. 표본 추출을 통해 자료를 제시할 경우에는 다음과 같이 물어야 한다.

○ 표본의 폭은 얼마나 넓으며, 얼마나 무작위적인가

❼ 통계치 조사

토론에서 주장을 뒷받침하기 위한 방법으로 흔히 통계치를 제시한다. 통계치는 구체적인 숫자로 표현된 자료이기 때문에 확실한 증거로 여겨진다. 그러나 흔히 잘못된 통계치를 제시하거나 증거로서 효력이 없는 통계치를 제시하는 경우가 있다. 대표값을 제시할 때, 그것이 '산술평균치'인지 '중간치'인지 아니면 '최빈치'인지 주의해야 한다. '산술평균치'는 해당하는 모든 수치들을 더한 후 그 총수를 사용한 값의 수로 나눈 값이다. '중간치'는 모든 값들을 최고치에서 최하치까지 나열한 다음 찾아낸 '가운데 값'이다. '최빈치'는 모든 나열된 값들 중 가장 빈번하게 나타나는 값이다. 어떤 통계치를 자료로 채택할 때는 다음과 같이 질문해 보아야 한다.

○ 이 통계자료에서 사용되는 대표값은 산술평균치인가, 중간치인가 아니면 최빈치인가

❽ 유비 추론

'만약 어떤 두 대상이 어떤 한 가지 점에서 비슷하다면, 이들은 아마도 다른 점에서도 마찬가지로 유사할 것이다'라는 식으로 추론하여 논거를 제시하는 경우가 있다. 그러나 어떤 대상들이든 얼마간의 유사성은 항상 존재한다. 때문에 단순히 유사성이 많다고 해서 그 논거를 강력한 것으로 쉽게 판단해서는 곤란하다. 비교되는 두 대상이 유사성은 많은 반면 차이점은 거의 없다면 이 경우 보다 강한 유추가 가능하다. 그러므로 유추를 통해 자료를 찾으려고 할 때 다음과 같이 질문해 보아야 한다.

○ 비교되는 두 대상이 서로 유사한 면과 다른 면을 어느 정도 지니고 있는가

연습　다음 주장들 속에 포함되어 있는 논거가 얼마나 강력한지 분석해보자.

❶　나는 비타민C가 감기예방에 효과가 있다고 확신한다. 우리 가족은 모두 매년 겨울 최소한 한 번씩은 감기를 앓았다. 그런데 지난 해부터 우리 가족이 비타민C를 하루에 500mg씩 복용한 결과, 3개월 동안 감기에 한 명도 걸리지 않았다.

❷　유방확대를 위해 실리콘을 가슴에 넣는 성형수술은 안전하다. 왜냐하면 어떤 저명한 성형외과 의사와 그가 속한 전문학회에서 이식은 안전하다고 주장하였기 때문이다.

❸　장남과 결혼해서 시부모를 모시는 것은 당연하다. 남편을 진정으로 사랑한다면 기꺼이 시댁 살림을 할 수 있어야 한다. 예로부터 여자가 시집을 가면 시부모를 모시고 사는 것을 당연한 것으로 생각했다. 장남과 결혼해서도 시집에서 시부모를 모시고 살지 않겠다는 여성이 있다면, 그녀는 오랜 전통을 무시하는 것이다.

❹　나는 일전에 어떤 사건을 '현명해'라는 변호사에게 맡겼는데, 그는 지나치게 많은 액수의 소송비용을 요구했다. 내가 생각하기에 대부분의 변호사들은 지나치게 많은 비용을 소비자에게 요구한다.

❺　주요 사립대학의 학생들은 지불한 등록금만큼의 교육 서비스를 받지 못하고 있다. 얼마 전 모 대학에서 200명의 학생을 인터뷰해 본 결과, 인터뷰에 응한 학생들 중 45%가 대학의 교육 서비스에 불만족이라고 답했고, 25%가 보통이라고 답했다.

❻ 현 정부에서 벌어지고 있는 모든 비윤리적인 사태들에 대해 누가 책임을 져야 하는가? 그것은 결국 대통령이 책임져야 한다. 왜냐하면 고기는 머리부터 아래로 썩기 때문이다.

❼ 당신은 비소살충제를 매일 한 스푼씩 섭취하기를 원하지는 않을 것이다. 나는 당신이 왜 담배를 계속 피우는지 이해할 수가 없다. 비소처럼 담배도 당신을 죽이기는 마찬가지기 때문이다.

❽ 최근의 한 연구는 '적개심은 여성의 건강을 해친다.'고 보고했다. 이 연구는 105명의 여성을 20년간 연구해서 20세, 30세, 40세 여성들 중 적개심이 높았던 여성은 그렇지 않은 여성보다 50세에 이르러 각종 질병을 더 많이 앓는다는 사실을 발견했다. 이 연구는 분노가 스트레스 호르몬을 많이 분비하도록 해서 이것이 면역 체계에 손상을 입힌다는 결론을 내렸다.

❾ 한 자동차 중개상은 자신이 판매한 신형 승용차가 큰 성공을 거두었다고 자평하면서, 그 이유로 이 자동차를 구입한 100명의 고객 중 성능에 대해 불평한 사람은 단지 5명뿐이라는 사실을 지적했다. 이 중개상은 '고객의 95%가 만족하면 그것은 엄청나게 좋은 자동차다'라고 결론을 내렸다.

❿ 이종격투기는 다른 스포츠보다 덜 위험하다. 지난 15년간 스포츠와 관련한 사망자 수를 보면, 야구는 10명, 축구는 8명인 반면 이종격투기는 단 2명뿐이었다.

자료 찾기

어떤 자료를 선택해야 할지가 결정되었다면, 이제 실제로 자료를 찾아보도록 하자. 자료 찾기에는 크게 '오프라인 방법'과 인터넷을 이용한 '온라인 방법'이 있다. 현재는 인터넷이 일반화되어 있기 때문에 오프라인 방법보다는 온라인 방법을 우선적으로 활용하는 것이 효과적이다. 온라인 방법을 통해 자료를 찾아본 후 인터넷 상에서 찾을 수 없는 것들을 오프라인상에서 확인해자.

㉮ 온라인 방법

❶ 토론의 핵심용어를 검색도구로 사용한다
흔히 핵심용어는 '저자명'이나 '논제'에 해당한다. 인터넷을 활용하여 핵심용어를 검색하기 전에 토론에서 쟁점이 되는 핵심용어들을 우선순위에 따라 '목록화'하는 것이 좋다.

❷ 가능한 한 많은 수의 관련 사이트들에서 검색한다
핵심용어를 검색할 때 가능한 한 많은 수의 관련 사이트들을 검색하면 중복되는 핵심 내용을 찾아낼 수 있다. 이렇게 찾아낸 핵심내용을 보다 폭넓은 검색자료로 활용해야 한다. 사이트 검색은 다음 순서에 따른다.

○ 인터넷 포털 검색 사이트 → 도서관이나 관련 부처, 단체 홈페이지 → 관련 전문가 집단, 학회 홈페이지 → 인터넷 서점

❸ 핵심용어를 통해 검색한 자료는 토론의 논점에 맞아야 한다
핵심용어로 검색을 하면 토론의 논 점과는 상관없는 내용들도 검색된다. 일

단 핵심용어로 검색을 했다면, 검색된 자료들 중 토론에서 논거로 쓰일 수 있는 자료들을 논점과 관련하여 선별해야 한다.

나 오프라인 방법

❶ 온라인상에서 확인된 자료들 중 구체적인 내용을 접할 수 없는 자료들을 우선순위로 목록화하여 오프라인상에서 확인해 보아야 한다

문서화된 자료들 중 상당수는 아직도 오프라인상에서만 접근 가능하다. 따라서 중요한 자료라고 판단될 때는 반드시 오프라인상에서 가능한 한 많은 자료들을 직접 확인해 보아야 한다.

❷ 오프라인상에서 직접 확인 작업을 거친 뒤 온라인상의 검색 자료 목록에서 불필요한 자료들을 삭제해야 한다

온라인상에는 불필요한 많은 자료들이 올라와 있다. 이 자료들 중 필요한 자료를 선별하는 작업은 부분적으로 오프라인상에서 진행될 수밖에 없다. 토론의 논점에 맞는 자료가 어떤 것인지를 오프라인상에서 구체적으로 확인하여 온라인상에서 작성한 목록을 재구성할 필요가 있다.

❸ 토론의 주제와 관련하여 여러 가지 배경 지식을 줄 수 있는 또 다른 경로가 있는지를 확인해 보아야 한다

단순히 활자화되어 있거나 문서화되어 있는 자료뿐만이 아니라, 경우에 따라서는 토론의 주제와 관련하여 배경지식에 도움이 되는 각종 자료들을 직접 조사해 볼 필요가 있다.

연습 조별로 논제를 정하고 거기에 맞는 자료를 찾아서 다음의 표에 그 목록을 정리해보자.

논제		
핵심개념		
자료 출처	온라인	
	오프라인	

3. 자료 정리

논제에 적합한 자료를 찾았다면, 이제 그 자료를 체계적으로 정리하는 일이 남았다. 어떻게 자료를 정리해야 토론에 효과적으로 사용할 수 있는지를 생각해보자.

가 논거카드 만들기

❶ 찬성의 입장과 반대의 입장을 일목요연하게 객관적으로 잘 보여주는 짧은 자료부터 먼저 읽고 논거카드를 만든다
❷ 토론에서 직접 사용될 수 있도록 논거카드 한 장에 하나의 자료를 기입하며, 저자나 자료 제공인의 성명, 기사 제목, 출처, 연도, 쪽수 등을 정확하게 기록한다
❸ 단편적인 자료로부터 보다 구체적이고 심도 있고 폭넓은 자료로 나아가면서 정리한다. 인용하기에 너무 긴 자료는 사진의 형태나 스캔을 하여 별도로 보관해 두는 것이 좋다

[논거카드 작성의 예]

—— 찬성 측

유엔 여성차별철폐협약. 1979년 제34차 총회에서 채택.
1981년부터 효력 발생.

우리나라는 1984년 12월 27일 비준서를 기탁하고 1985년 1월 7일 이 협약이 조약 제855호로 공표되어 1985년 1월 26일부터 국내법으로서 효력을 발생하고 있다.

유엔의 여성차별철폐협약은 전문에서 '본 협약 당사국은 …… 국가의 완전한 발전을 위해서는 여성이 모든 분야에 남성과 평등한 조건으로 최대한 참여하는 것이 필요함을 확신하고, …… 남성과 여성사이의 완전한 평등을 달성하기 위해서 사회와 가정에서의 여성의 역할뿐만 아니라 남성의 전통적 역할에도 변화가 필요함을 인식하고 …… 다음과 같이 합의하였다.'고 명시하였다. 그리고 이 기본정신에 근거하여 동 협약 제4조 제1항에서는 '남성과 여성 사이의 사실상의 평등을 촉진할 목적으로 당사국이 채택한 잠정적 특별조치는 본 협약에서 정의한 차별로 보지 않으나, 그 결과 불평등 또는 별도의 기준이 유지되어서는 결코 안 된다. 기회와 대우의 평등이라는 목적이 달성되었을 때 이러한 조치는 중단되어야 한다.'라고 규정하고 있다. 따라서 동 규정은 할당제와 같은 적극적 조치의 합법성을 분명히 하고 특별조치로서의 적극적 조치의 한시성을 규정한 것이다.

반대 측

사기업들, 여성할당제 자율적으로 확대 추세. 신입사원 채용 여성 돌풍.
연합뉴스. 2005.07.17.

17일 업계에 따르면 한진해운은 올해 채용한 대졸 신입사원 25명 가운데

60%인 15명을 여성으로 채용했다. 한진해운 관계자는 '다른 회사에 비해 여성채용 비율이 높은 것은 실력대로 인재를 뽑고 배치하자는 남녀평등 정책이 크게 작용한 결과'라고 하면서 '이같은 정책은 채용뿐만 아니라 진급과 부서배치에도 적용되고 있다.'고 말했다. 두산그룹도 올 상반기에 뽑은 대졸신입사원 109명 중 20.2%인 22명을 여성으로 채용했다. 이는 94명 중 10명(10.6%)에 불과했던 작년 상반기 채용 때에 비해 여성비율이 두 배 가까이 높아진 것이다. 두산그룹 관계자는 '특별히 여성채용 비율을 높이기로 의도한 것은 아니지만 회사에서 필요로 하는 우수한 인재를 채용하다 보니 자연스럽게 여성비율이 높아졌다.'고 말했다. 지난해부터 신규채용 인력의 20%가량을 여성으로 선발키로 여성할당제를 도입한 LG전자는 올 상반기 전체 채용 인원 2천여 명 중 350여 명(18%)을 여성으로 뽑았다. 2003년까지만 해도 10% 수준에 머물렀던 여성 비율이 2년 사이에 20% 가까이 뛰어오른 것이다. LG전자는 여성 특유의 섬세함을 살릴 수 있는 디자인과 마케팅, 소프트웨어 부문의 경우 여성 채용 비율을 30% 수준으로 높인다는 전략을 세우고 있다. 삼성전자는 올 상반기 채용 인원 2천여 명 중 여성 비율이 30%였던 지난해 수준을 상회하는 것으로 전해졌다. 삼성그룹은 여성 채용 비중을 2001년 16%에서 2002년 20%, 2003년 27% 등 꾸준히 높여 왔으며, 특히 2003년부터 '여성인력 30% 선발' 지침을 각 계열사에 전달한 바 있다.

 연습 조별로 논제를 정하고 찬성과 반대의 입장에서 논거카드를 작성해보자.

ㄴ 자료 분류

논제에 적합한 논거카드 및 기타 자료들은 체계적으로 정리 보관해야 한다. 만일 그렇지 않으면 논거를 제시할 때 혼란스러울 수 있다. 단순 나열식 자료 정리나 기계적인 분류식 자료 정리를 통해서는 중복된 것이나 누락된 것이 있는지 파악하기 힘들고, 더 나아가 해당 자료가 주장을 뒷받침하기에 적절한 논거가 되는지 파악할 수 없다. 체계적으로 정리하기 위해서는 구체적인 분류 원칙에 따를 필요가 있다. 다음은 자료 분류를 위해 따라야 할 기준들이다.

❶ 자료 분류의 기준
- 주장을 뒷받침하는 논거로 가장 적절하다고 생각되는 기준을 선택하여 자료를 분류한다
- 분류 기준은 '중복되지 않으면서 누락이 없는 부분집합으로 전체를 파악하는 것'이다
- 이 기준에 따라 자료를 몇 개의 그룹으로 분류하고, 한 그룹에 속한 자료의 공통점을 파악하여 그 그룹에 '항목별 이름'을 붙인다
- 만일 어떤 그룹에 '항목별 이름'을 붙이기 힘들다면, 그 그룹에 다른 정보가 섞여 있거나 기준 자체가 정확하지 않기 때문이다. 이 경우 기준 자체를 변경할 필요가 있다
- 각 그룹에 '항목별 이름'을 모두 붙이고 '항목별 이름'을 전부 합했을 때, 주장을 잘 뒷받침하는 논거가 되는지 다시 한 번 확인한다

❷ 경쟁적인 자료 찾기

토론에서 상대방을 설득하기 위해서는 자신의 주장을 뒷받침하는 자료뿐만이 아니라 토론 상대방의 자료도 미리 예상해 보는 것이 효과적이다. 토론에서 어

떤 논제에 관해 토론 당사자들은 서로 경쟁하는 상이한 자료를 제시할 수 있고, 또 마땅히 그래야 한다. 자신이 토론에서 제시할 자료를 분류한 후 상대방이 제시할 경쟁적인 자료를 미리 예상하면, 자료를 보다 면밀하게 준비하는 데 도움이 된다. 상대방의 경쟁적인 자료에 비해 보다 더 설득적인 자료를 제시하지 못하면 토론에서 합리적으로 설득할 수 없다.

❸ 누락된 정보의 확인

토론 당사자들은 어떤 중요한 정보를 누락하지 않았는지 토론하기 전에 한 번 더 확인해 보아야 한다. 이를 통해 자신의 주장을 뒷받침하기에 충분한 자료가 제공될 수 있는지를 알 수 있다. 꼭 필요한 정보를 빠뜨릴 경우 타인을 설득하는 데 성공할 수 없다.

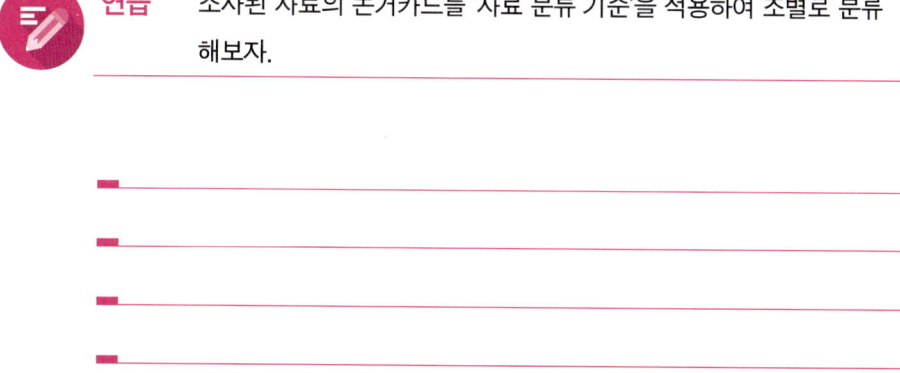

연습   조사된 자료의 논거카드를 '자료 분류 기준'을 적용하여 조별로 분류해보자.

토론 개요서 작성

논제에 대해 논점을 분석하고 자료를 조사하였다면, 이제 조사한 자료를 통합해서 토론 개요(brief)를 예상해 보아야 한다. 토론 개요란 논제에 대해 어떤 논점들을 중심으로 전체 토론이 진행될 것인가를 예상하는 논리적 지도다. 토론 개요서를 작성하는 것은 단순히 찾은 자료들을 취합하는 것이 아니라, 그 자료들을 토론 진행의 논리적 맥락에 따라 분류하고 종합하는 일에 해당한다. 토론 개요서를 작성해 봄으로써 우리는 분석한 문제들을 체계적으로 종합하는 훈련을 하고 실제 토론에 대비할 수 있다.

훌륭한 토론 개요에는 내용 면에서 논제 분석을 통해 찾은 논점들이 모두 망라되고, 그 논점을 중심으로 예상할 수 있는 토론의 전체 흐름이 정리되어 있어야 한다. 형식 면에서는 읽기 쉽고 체계적으로 구성되어야 한다. 이에 대해 좀 더 자세히 살펴보면 다음과 같다.

토론 개요서의 내용

좋은 토론 개요서는 논제에 관해 성립될 수 있는 가능한 논점들을 모두 포함해야 하며, 각 논점들을 중심으로 전체 토론이 어떻게 전개될지를 일목요연하게 보여주어야 한다. 아울러 토론의 예상 전개 과정에서 필요한 증거들을 구체적으로 제시할 수 있어야 한다. 그 구체적인 항목은 다음과 같다.

첫째, 기본이 되는 원칙들은 이미 논점 분석의 원리 속에 주어져 있다. 따라서 토론 개요서는 사실의 진위 여부, 정의에 관한 문제, 특수성의 고려, 절차의 문제 등 대립적 정체 모형에 따라 분석된 자료와 필요성, 한계, 해결가능성, 비용, 비교 등 기본 논점 모형에 따라 분석된 논점들을 포괄하고 있어야 한다.

둘째, 토론 개요서는 전체 토론의 과정을 예상하여 작성되어야 한다. 하나의 논제에 대해 하나의 토론 개요서만이 가능한 것이 아니라, 어떤 논점을 중심으로 상대가 어떻게 대응하느냐에 따라 복수의 토론 개요서 작성이 가능하다. 토론은 찬성과 반대가 각각 어떤 논리를 펼치느냐에 따라 상대적이기 때문이다. 따라서 가능한 논점들을 모두 포괄하여 개요를 예상해 보면, 토론의 흐름에 따라 복수의 토론 개요서를 작성할 수 있다.

셋째, 토론 개요서는 각각의 논거들을 뒷받침 하는 구체적인 증거 자료들을 일목요연하게 제시해야 한다.

토론 개요서의 형식

다음과 같은 규칙이 준수될 때 수준 높은 토론 개요서를 작성할 수 있을 것이다.

첫째, 토론 개요서는 논점을 중심으로 작성하되, 그것을 지지하는 증거들이 분명하게 드러나야 한다.

둘째, 일관된 기호체계와 형식을 사용한다. 이는 순발력을 필요로 하는 토론 상황에서 논점과 증거들을 쉽게 활용할 수 있기 위해서다.

셋째, 항목들 간의 논리적 종속관계를 따져서 배열한다. 중요도가 비슷한 항목들은 같은 수준에 배열한다. 특정 논점을 지지하는 중요한 근거들은 같은 수준에 배치해야 한다. 그리고 그보다 하위의 구체적인 증거들과는 분리하여 구성하는 것이 효과적이다.

넷째, 말하고자 하는 내용이 분명하게 드러나도록 문장을 정확하게 표현해야 한다. 문장 표현이 구체적이고 정확하지 않으면 그 다음 단계에서 상대방의 반응을 예상하기가 어렵고, 결국 토론에 실제 사용할 수 있는 토론 개요서를 작성할 수 없게 된다.

다섯째, 토론 개요서는 정해진 양식이 없다. 보통 좌측에 찬성 편, 우측에 반대 편의 논점들을 기재한 후, 각 논점을 중심으로 전체 토론이 어떤 흐름으로 진행될지를 각자의 편에서 예상하여 다양한 방식으로 정리할 수 있다.

토론 개요서의 사례

앞서 사례로 소개된 논제 "비정규직 문제, 시장에 맡겨야 한다"로 논점 분석한 내용을 토대로 '숙명토론대회'의 토론 방식에 따라 토론을 한다고 가정했을 때, 아래와 같이 토론 개요서를 작성할 수 있다. 그런데 토론 개요서는 단번에 하나의 통일된 형태로 작성하는 것이 쉽지 않다. 토론 방식에 따라 단계별 발언 순서와 성격을 고려하여 찬성과 반대가 각각 자신의 입장에서 토론 개요서를 작성할 수 있다. 특히 수업에서 교육토론을 하는 경우 다음에 제시 된 예와 같이 단계별로 토론 개요를 찬성과 반대 입장에서 각각 작성한 후 그것을 종합하면, 토론의 전체 흐름이 예상 가능해진다.

● 토론 개요서 예시

찬성 측 토론 개요

논제 : 비정규직 문제, 시장에 맡겨야 한다	
① 주장 1	비정규직 문제를 해결하기 위해서는 노동 시장의 경직성 문제를 해결해야 한다.
근거	OECD국가들 중 한국은 고용 유연성이 최하위이다.
② 확인질문 1	정부가 아니라 시장 자체가 비정규직 문제를 해결할 수 있는 방안은 없는가?
③ 확인질문답변	시장 실패의 경우 정부는 시장이 최소한의 자율성을 보장할 수 있도록 환경을 조성해야 한다.
…	…

반대 측 토론 개요

논제 : 비정규직 문제, 시장에 맡겨야 한다	
① 주장 1	정부는 사회적 약자인 비정규직 노동자를 보호해야 할 의무가 있다.
② 확인질문 1	정부가 아니라 시장 자체가 비정규직 문제를 해결할 수 있는 방안은 없는가?
근거	헌법은 근로의 권리를 기본권으로 명시하고 있다.
③ 확인질문 답변	지금까지 비정규직을 양산한 것은 신자유주의식 시장 논리 때문이다. 법에 부분적으로 문제가 있다면 그것부터 개정하면 된다.
④ 반론 1	현재 비정규직 문제는 시장실패보다 정부실패로 발생했다.
근거	정부의 비정규직 보호법 제정으로, 기업은 수량적 유연화를 꾀해 비정규직 문제를 더 악화시켰다.
⑤ 확인질문 2	수량적 유연화를 초래한 것이 비정규직 보호법의 부작용인가? 정부의 규제 없이 기업이 어떻게 스스로 비정규직 문제를 시장 논리에 따라 해결할 수 있을까?
…	…

연습

❶ 각 팀별로 논점 분석표를 참고하여 토론 개요서를 작성해보자. 하나의 논제에 대해 찬성 측과 반대 측이 토론 개요서를 각각 작성하여 종합해 보고, 또 다른 가능성은 없는지, 보완해야 할 점은 무엇인지를 논의해보자.

❷ 토론 개요서를 작성할 때 논점과 증거 자료를 효율적으로 분석하고 종합하는 각자의 방법 혹은 요령을 조별로 이야기해보자.

03
토론 실행의 방법

진행 절차

토론은 일반적으로 '입론, 확인질문(및 응답), 반론(재반론), 최종발언, 숙의시간' 등의 활동으로 이루어진다. 특히 교육토론의 경우 토론의 목표와 진행 절차에 따라 세다식 토론, 칼 포퍼 식 토론, 의회 식 토론 등 다양한 방식이 존재하지만, 토론 방식과 관계없이 토론의 결과는 이들 활동을 얼마나 숙지하고 활용했느냐에 따라 좌우된다. 따라서 교육토론을 효과적으로 실행하려면 이들 각 활동의 특징에 대한 이해가 필요하다. 여기서는 '숙명여자대학교 토론대회 방식'(이하 숙명토론방식)을 중심으로 토론 실행의 과정과 방법을 알아보기로 한다.

숙명토론방식은 기본적으로 교육토론 방식 중 하나인 칼 포퍼 식 토론 형식을 변형하여 만들어졌다. 숙명토론방식의 참여는 찬성 측과 반대 측 각각 갑, 을, 병 3명의 토론자로 이루어진다. 총 소요 시간은 숙의시간을 합해 60분 정도이지만, 수업 중 토론 시간은 상황에 맞게 조정할 수 있다. 각 발언은 제한 시간을 초과했을 경우 경고의 종이 울리며, 15초 이내로 발언을 마무리하는 것이 보통이다. 토론 중 팀당 숙의시간이 주어지는데, 양 팀은 자유롭게 숙의시간을 요청할 수 있다. 숙명토론방식의 기본 진행 순서는 다음과 같다.

찬성 측 토론자		반대 측 토론자
① 갑 입론	⋯▶	② 을 확인질문
④ 을 확인질문	◀⋯	③ 갑 입론
⑤ 병 반론1	⋯▶	⑥ 갑 확인질문
⑧ 갑 확인질문	◀⋯	⑦ 병 반론1
⑨ 을 반론2	⋯▶	⑩ 을 반론2
⑪ 병 최종발언	⋯▶	⑫ 병 최종발언

입론 구축의 원칙

토론에 참여하는 찬성 측과 반대 측은 각각 어떠한 근거에서 논제를 긍정 또는 부정하고자 하는지를 명료하게 제시해야 한다. 이처럼 찬성 측과 반대 측이 근거를 들어 자신들의 입장이 옳다는 것을 입증하는 논리를 세우는 것이 '입론'이다. 요리에 비유하면 '입론'이란 음식의 재료와 도구를 갖추는 단계에 해당한다.

입론은 일정한 원칙과 전략에 따라 이루어져야 한다. 토론은 찬성 측의 입론에서 시작하는 것이 일반적이다. 따라서 찬성 측은 논제에 대하여 자신의 입론을 명확하게 제시할 필요가 있다. 물론 반대 측도 찬성 측의 논리를 공격하기 위해 찬성 측 입론에 대응하는 논리를 구축해야만 한다.

입론의 핵심은 찬성 측의 경우 논제를 채택할 때 기대되는 효과를, 반대 측의 경우 논제를 채택할 때 발생할 수 있는 폐해를 얼마나 설득력 있게 제시하는가에 있다. 입론에서 다루어지는 이러한 논의는 사전에 완전한 원고의 형태로 준비해 두는 것이 좋다. 이런 사실을 고려하면서 입론 구축의 원칙과 방법, 입론서 작성 방법에 대해 살펴보기로 하자.

입론의 원칙과 방법

가 원칙

❶ 찬성 측의 입장 표명은 현재 상황(status quo)에 대한 전면적인 부정으로 시작한다

교육토론은 찬성 측의 논제에 대한 입장 표명으로부터 시작한다. 이때 찬성 측의 입장 표명은 혁신적이고 건설적이어야 한다. 현재 상황을 부분적으로 수정하거나 개선하는 수준의 입장 표명으로는 토론이 성립할 수 없다. 현재 상황을 전면적으로 부정하는가 여부를 두고 반대 측과 주요 쟁점(stock issue)을 형성하기 때문이다. 따라서 찬성 측의 입론은 현재 상황을 전면적으로 반대하거나 변경할 것을 목적으로 이루어져야 한다.

❷ **반대 측의 입장 표명은 현재 상황에 대한 긍정으로 시작한다**

반대 측 입론의 핵심은 현재 상황을 평가하는 데 있다. 현재 상황에 큰 이점이 있으므로 그것을 배제해서는 안 된다는 식으로 주장하는 것이 현재 상황을 긍정하는 방법이다. 이때 반대 측은 찬성 측의 입론에 공격을 가하면서 현재 상황의 이점과 의의를 강력히 호소해야 한다. 논제를 채택할 경우 상실될 현재 상황의 이점과 그로 인해 초래될 위기감을 부각시켜야 하는 것이다. 경우에 따라서는 찬성 측이 지적한 대로 현재 상황의 문제가 실제로 존재한다면 이를 받아들이는 한편, 찬성 측의 해결책을 받아들일 경우 오히려 현재 상황의 이점을 잃어버릴 때의 폐해가 더 크다는 식으로 주장을 전개할 필요가 있다. 즉, '이점>폐해'라는 부등식의 구도를 확립하는 방향으로 논지를 전개시켜야 하는 것이다.

❸ **입론은 알기 쉽게 전개한다**

청중을 설득하기 위해 찬성 측은 입론을 준비할 때 다음 네 가지 사항을 고려해야 한다.

첫째, 입론에서 주장할 내용을 항목별로 정리한다.
둘째, 시간의 흐름에 따라서 내용을 구성한다.

셋째, 입론의 핵심 내용에 대한 이미지 심기 전략을 세운다.

넷째, 구체적인 사례와 증거를 적절하게 활용한다.

🈁 방법

❶ 논제의 핵심 용어를 정의한다

논제가 "비정규직 문제, 시장에 맡겨야 한다"일 경우 논제의 핵심 용어인 '비정규직'에 대하여 입론의 도입부에서 정의를 내려야 한다.

❷ 문제가 발생한 원인이 무엇인지 인과관계를 분석하고 진단한다

해결해야 할 문제가 파악되었다면, 이제 그 문제가 발생하게 된 원인을 설명해야 한다. 그리고 그 문제가 논제와 밀접하게 관련되어 있음을 밝혀야 한다.

❸ 논점분석표에 따라 항목별로 주장과 근거를 각각 제시한다

네 개의 단계, 즉 새 정책의 필요성, 현 정책의 한계, 문제의 해결가능성, 비용의 비교에 대해 주장과 근거를 정리한다.

입론의 원칙과 방법

🈁 찬성 측 입론서 작성 방법

입론이란 말 그대로 논리를 세우는 행위다. 입론서는 제한된 시간 안에 필요 없는 말을 빼고 어느 누가 들어도 오해의 여지가 없도록 번호와 표제를 달아 알기 쉽게 작성하는 것이 바람직하다. 입론서는 일반적인 논술문의 작성과 마찬가지로 도입, 전개, 마무리 등 삼 단계로 작성하는 것이 효과적이다.

도입에서는 찬성 측의 입장을 간략하게 제시하든가 아니면 현 상황의 문제를 강조하면서 논제를 제시하면 된다.

전개에서는 논제를 채택할 경우 기대되는 효과를 일목요연하게 먼저 제시하고, 현 상황의 문제, 문제와 논제의 관련성, 기대효과에 대한 부연 등을 표제를 달아 순차적으로 제시하는 것이 효과적이다.

마무리에서는 논의 전체를 정리하든가 아니면 어떻게 현재 상황이 개선될 것인지에 대해 강조하는 편이 좋다.

이와 같은 찬성 측 입론서의 내용을 양식화하면 다음과 같다.

찬성 측 입론서 작성 양식

우리 찬성 측은,

    -현재 상황의 문제 강조
    -핵심 용어 정의

라고 생각합니다. 따라서 "   "라는 논제에 대하여 찬성합니다. 구체적으로는 다음과 같은 효과를 기대할 수 있으므로 논제를 채택할 필요가 있다고 주장하고자 합니다.
1.
2.
(기대효과 항목이 반드시 두 개일 필요는 없다)

기대효과 1 :
 이에 대해서는 다음 세 가지 측면으로 나누어 설명할 수 있습니다.

논점 A :   (현재 상황의 분석)
논점 B :   (논제와의 관련성)
논점 C :   (문제의 해결 및 기대효과의 중요성)

다음으로 두 번째 기대 효과를 설명하겠습니다.

기대효과 2 :
이에 대해서는 다음 세 가지 측면으로 나누어 설명할 수 있습니다.

논점 A :   (현재 상황의 분석)
논점 B :   (논제와의 관련성)
논점 C :   (문제의 해결 및 기대효과의 중요성)

이와 같이 이 논제를 채택할 경우,

~과 같은 효과를 기대할 수 있습니다.
따라서 우리 찬성 측은 이 논제를 채택해야만 한다고 주장합니다.

나 반대 측 입론서 작성 방법

반대 측 입론서도 찬성 측 입론서와 마찬가지로 도입, 전개, 마무리 순으로 작성한다.

도입에서는 찬성 측의 논의 전체를 간략하게 요약하든가 아니면 현재 상황의 장점을 설명한 후 논제를 채택할 경우 심각한 폐해가 발생할 수 있다는 점을 강조한다. 그럼으로써 논제 채택에 강력하게 반대하는 뜻을 제시하는 것이다.

반대 측 입론의 전개는 찬성 측이 제안한 해결책의 목적, 특징을 설명하고 그것을 채택할 때 어떠한 폐해가 새롭게 발생하며 얼마나 심각한 문제를 낳을 수 있는지에 관해 표제를 달아 자세하게 제시하는 방식으로 행하는 것이 효과적이다.

마무리는 논의 전체를 정리하고 어떻게 상황이 악화될 것인지를 강조하는 방식으로 구성하면 좋다.

이상의 내용을 바탕으로 반대 측 입론서 작성을 양식화하면 다음과 같다.

반대 측 입론서 작성 양식

우리 반대 측은,

현재 상황의 긍정적인 점
주요 용어의 정의

라고 생각합니다. 따라서 "   "라는 논제에 대하여 반대합니다. 찬성 측의 해결책을 채택할 경우 다음과 같은 폐해가 발생할 수 있습니다.

폐해 1 :

이에 대해서는 다음 세 가지 측면으로 나누어 설명할 수 있습니다.

논점 A :   (찬성 측 해결책의 목적 및 특징)
논점 B :   (폐해가 발생하는 과정 및 이유)
논점 C :   (폐해의 심각성)

다음으로 두 번째 폐해를 설명하겠습니다.

폐해 2 :

이에 대해서는 다음 세 가지 측면으로 나누어 설명할 수 있습니다.

논점 A :   (찬성 측 해결책의 목적 및 특징)
논점 B :   (폐해가 발생하는 과정 및 이유)
논점 C :   (폐해의 심각성)

이상과 같이 이 논제를 채택할 경우,
~과 같은 심각한 폐해가 일어날 수 있습니다.

따라서 우리 반대 측은 이 논제를 채택할 필요가 없다고 주장합니다.

연습

❶ 앞에 제시된 입론서 양식을 참조하여 "비정규직 문제, 시장에 맡겨야 한다"는 논제에 대한 찬성 측과 반대 측의 입론서를 작성해보자.

❷ 찬성 측과 반대 측 모두 토론 논제에 대한 효과적인 입론 구축 방법을 논의하고, 제시된 입론서 양식을 활용하여 입론서를 완성해보자.

반론 및 재반론하기

　　　　　　토론이 깊이 있게 진행되려면 찬성 측과 반대 측이 상대방의 주장에 대하여 적확한 반론(및 재반론)을 펼칠 수 있어야 한다. 반론이란 입론에서 제시한 상대방의 논증을 대상으로 그 문제점을 검증하는 행위다. 즉, 상대방 입론 내용의 오류를 파악하고, 그것이 왜 잘못인지를 드러내는 행위가 반론인 것이다. 재반론이란 상대방이 효과적인 반론을 펼쳐 자신의 논증이 약화되었을 경우 자신들의 논증에 가해진 비판에 대하여 다시 반론을 펼침으로써 자신들의 논증을 보강하는 행위다. 말하자면 입론에서 제시한 자신들의 논증을 옹호하는 행위인 셈이다.

　　토론은 찬성 측과 반대 측이 서로 경합을 벌이는 형식으로 진행되는데, 바로 반론 및 재반론을 어느 팀이 효과적으로 펼쳤는가에 따라서 토론의 승패가 결정난다. 테니스나 탁구 경기에서 선수들이 랠리(rally)를 이어가듯 찬성 측과 반대 측이 상대방 논증에 대하여 반론(및 재반론)을 끊임없이 이어가는 데 토론의 묘미가 있다. 따라서 상대방의 반론이 없기를 바라는 소극적인 자세로 토론에 임해서는 안 된다. 오히려 상대방이 제기한 반론을 즐기는 자세로 토론에 임해야 한다.

반론 및 재반론의 원칙

　　반론 및 재반론은 토론의 핵심이라 할 만큼 중요하므로 효과적인 반론 및 재반론의 원칙과 방법에 대하여 숙지할 필요가 있다. 이러한 반론 및 재반론의 원칙을 보면 다음과 같다.

㉮ 입론에서 제시한 논의와 관계없는 새로운 주장을 펼쳐서는 안 된다

　　반론 및 재반론의 목적은 상대방 논증의 허점을 공격하여 자신들의 논증을 강화하는 데 있다. 따라서 상대방이 입론에서 밝힌 논증과 전혀 관계가 없는 새로운 주장을 반론 및 재반론에서 펼쳐서는 안 된다.

나 사전에 전략을 짠다

토론은 논제에 찬성하는 측과 반대하는 측으로 나뉘어 진행된다. 이러한 대립의 구도는 토론자들의 사고 및 준비에 큰 영향을 미친다. 상대방이 어떻게 논의를 전개할 것인지, 자신들이 말하고자 하는 논점들에 대하여 상대방은 어떤 논점에 어떻게 반론을 해올지, 어떤 논점에 대해서 반론을 하지 않을지 등에 대해 철저히 예측할 필요가 있다. 이와 같이 사전에 자신들의 논의에 대한 상대방의 반론 및 그 반론에 대한 재반론까지 고려하여 준비하는 것이 반론(및 재반론)의 중요한 전략이다.

반론 및 재반론의 방법

반론(및 재반론)의 핵심은 상대방 논증을 비판하는 데 있다. 비판은 상대방이 주장한 내용이 과연 사실에 부합하는 것인지를 확인하고, 어떤 이유에서 그러한 주장이 가능한지를 따지는 행위다. 따라서 토론에서 반론(및 재반론)은 기본적으로 '정말 그러한가?'와 '왜 그러한가?'라는 두 가지 발상에 기초해서 이루어진다. 다음은 이러한 발상에 기초하여 반론(및 재반론)에서 활용할 수 있는 방법들이다.

- ⊙ **발상** 정말 그러한가?
- ⇒ **표현** 그렇지 않다.

  반드시 그렇다고 말할 수는 없다.

비판적 사고와 토론

이는 상대방의 논증에 직접적으로 반론을 펼치는 방법이다. 이와 관련하여 논증의 결론 부분을 부정할 경우, 그리고 증거자료에서 제시된 데이터 등을 부정할 경우를 생각할 수 있다.

- **발상** 그래서 무엇이 문제란 말인가?
⇒ **표현** 큰 문제가 아니다.
　　　　 그것이 심각한 문제라고 단언할 수 있는가.

이는 상대방 논의의 결론 부분이 사실이라 하더라도, 그것이 반드시 논제를 채택해야만 할 심각한 문제는 아니라고 부정하는 방법이다.

- **발상** 비록 그렇다 하더라도
⇒ **표현** 논제와는 아무런 관계가 없다.
　　　　 표현　논제를 받아들이더라도 문제는 해결되지 않는다.
　　　　 표현　논제를 받아들이더라도 폐해는 발생하지 않는다.

이는 심각한 문제라고 받아들인다 하더라도 그것이 논제와는 아무런 관계가 없는 문제라고 반론하거나 논제를 채택하더라도 문제는 해결될 수 없으므로 논제를 채택할 의미가 없다고 부정하는 방법이다.

다음으로 반대 측이 제시한 폐해가 심각할 수도 있지만, 그와 같은 폐해는 논제를 채택하여도 발생하지 않는다는 식으로 반론을 펼치는 방법이다.

- **발상** 그런데 어찌해서 … 그러한 결론이 도출될 수 있는가.
⇒ **표현** 바로 그렇기 때문에 논제를 채택해야만 하는 것이다.
　　　 표현 바로 그렇기 때문에 논제를 채택해서는 안 된다.

'바로 그렇기 때문에 … 해야 하는 것이다(또는 해서는 안 된다)'는 형식을 취하고 있는 이 방법은 이른바 '되받기(turn-around) 논법'이라 불린다. 이 방법은 발상의 전환을 보여주는 것으로 상대방의 논의를 부분적으로 받아들인 전제 아래 비판을 행한다는 점에서 반론의 묘미를 보여준다.

반론 및 재반론의 전개 방식

반론을 펼 때 평소보다 조급하게 말하는 경우가 많다. 그러나 반론을 전개할 때 입론만큼 그 구성에 주의를 기울일 필요가 있다. 다음과 같은 순서로 반론을 전개하면 효과적이다.

- 상대방의 어떤 논점에 대하여 반론을 펼 것인가를 명확하게 정한다. 상대방이 자신의 주장을 펼 때 붙인 번호를 말한 뒤 상대방의 논점을 그대로 말하거나 간략히 바꿔 말한다
- 하나의 논점에 대하여 여러 개의 반론이 있을 경우 몇 개의 반론이 있음을 말한다
- 반론의 결론을 먼저 간략하게 말한다
- 결론을 말한 뒤에는 그 이유를 제시한다. 중요한 쟁점에 대해서는 추가 자료를 인용하는 것이 효과적이다
- 시간이 남을 경우 반론을 정리한다(그렇지 않을 경우 생략해도 무방하다)

한편 상대방에게서 반론을 받고 자신들의 주장이 약화되었을 경우 기회와 시간이 허락하는 한 재반론을 펴 자신들의 논증을 강화할 필요가 있다. 재반론의 경우 다음과 같은 순서로 진행하면 효과적이다.

- 강화해야 할 논의를 간략하게 말한다
- 상대방의 반론 내용을 간단하게 제시한다. 여기에서 시간을 잃지 않는 것이 중요하다
- 반론에 대한 반론, 즉 반박이 여러 개 있을 경우 몇 개가 있는지를 말한다
- 재반론의 결론을 짧게 (여러 개일 경우에는 번호를 달면서) 논한다
- 반론처럼 이유를 설명한다
- 재반론을 간략하게 정리한다

연습 〈숙명토론대회〉 동영상을 시청하고, 찬성 측과 반대 측이 펼친 반론(및 재반론)의 특징에 대해 논의해보자.

연습 찬성 측과 반대 측 모두 상대방의 입론을 예상한 다음 상대방 입론의 각 논점에 대하여 어떻게 반론할 것인지 논의해보자.

연습 앞에서 논의한 결과를 바탕으로 찬성 측과 반대 측 모두 다음의 표를 작성해보자.

	찬성 측(/반대 측) 논점	반대측(/찬성 측) 반론
현재 상황의 문제		-정말 그러한가? : -그래서 무엇이 문제란 말인가? :
문제의 원인		-정말 그러한가? : -그래서 무엇이 문제란 말인가? : -비록 그렇다 하더라도 :
해결책		
기대효과		-정말 그러한가? : -비록 그렇다 하더라도 : -바로 그렇기 때문에….해서는 안 된다. :
폐해		-정말 그러한가? : -비록 그렇다 하더라도 : -바로 그렇기 때문에…해서는 안 된다. :

제 3 부   비판적 사고와 토론의 실제

확인질문하기

　　　　　　상대방 입론과 반론의 내용에 대하여 확인하기 위해 던지는 질문을 '확인질문'이라고 한다. 이 확인질문은 상대방이 펼친 입론과 반론을 조사한다는 의미에서 '교차조사', '교차질문', '반대심문'으로도 불린다. 확인질문을 하면 입론자나 반론자는 성실하게 답변을 해야 하는 의무가 있다. 질문과 답변은 연단에 서서 해야 한다. 또한 토론은 심사위원과 청중을 설득하는 과정이므로 심사위원과 청중을 향해 대답해야 한다.

　　　　질문하는 측은 정중하게 질의하고, 응답하는 측은 성실하게 대답해야 한다. 지나치게 흥분하게 되면 상대방과 말싸움을 하는 것처럼 보일 수 있다. 이는 비판적 사고의 훈련을 목적으로 하는 교육토론에 부합하지 않는 행동이다. 예의에 어긋난 태도는 절대 금물이다. 상대방을 얕잡아보는 태도나 표현, 진지함이 결여된 표현과 태도는 감점의 요인이 된다.

　　　　확인질문은 상대방 입론과 반론의 내용을 단순히 확인하는 행위가 아니다. 확인질문은 상대방 입론과 반론의 불명료한 점을 확인하고 쟁점을 명확히 하여 이후에 전개될 반론(및 반박)의 토대를 구축하는 데 목적이 있다. 그러므로 효과적인 반론을 위해서는 우선 확인질문의 방법에 대해 숙지할 필요가 있다.

확인질문의 내용

확인질문에서 상대방에게 질의할 내용은 대략 다음 네 가지다.

가 정확히 이해되지 않는 내용에 대하여 묻는다

상대방의 입론이나 반론을 듣고 정확히 이해되지 않는 내용이 있을 수 있다.

이 경우 확인질문을 통해 확실하게 파악해 두어야 한다. 특히 찬성 측 입론에서 제시한 해결책이 충분히 파악되지 않았을 경우 반대 측은 입론을 펼치기 전 반드시 확인질문을 통해 그 내용에 대하여 철저하게 이해할 필요가 있다.

나 명시하지 않은 근거를 확인한다

상대방이 주장의 근거를 입론이나 반론에서 명시하지 않았을 경우 확인질문 시간에 이에 대하여 반드시 확인해야 한다. 상대방의 응답자에게 "00이 근거입니까"와 같은 방식으로 질문한다면 효과적일 수 있다.

다 중요한 논점의 언질(言質)을 확인한다

상대방 입론이나 반론 가운데 자신들의 논의를 유리하게 이끄는 데 도움이 되는 내용이 있다면, 그것을 확인해 둠으로써 청중에 대하여 호소한다. 예컨대 "이 점에 대해서는 증거자료가 있지 않군요"와 같은 방식의 발언이 그것이다.

라 상대측 논증의 모순점을 분명하게 밝힌다

상대측의 논증에 모순이 있을 경우 질의응답을 통하여 지적할 필요가 있다. 이 경우 질의자에게 기지(機智)와 질문 방식의 노련함이 요구된다. 상대방 논증의 모순점을 들춰내는 질문을 던진다면, 상대방 논증의 타당성을 약화시킬 수 있는 결정적인 토대를 구축할 수 있기 때문이다.

확인질문의 방법

상대방에게 확인질문을 던질 때 다음과 같은 사항에 유의해야 한다.

가 일문일답

한 번에 하나의 대답을 들을 수 있도록 질문을 던지는 것이 좋다. 하나의 질문이 끝나고 나서 다음 질문으로 넘어가야 질문의 초점을 잃지 않기 때문이다.

나 상대방이 짧게 답하도록 질문을 던져야 한다

질문 시간이 제한되어 있기 때문에 상대방에게 긴 설명을 요구하는 형식의 질문을 던질 경우 오히려 상대방에게 주장을 보강할 수 있는 기회를 주게 된다. 따라서 "예/아니오"의 답변이 가능한 질문이나 "A, B, C 중에서 어떤 것입니까"와 같은 방식의 질문을 던져 상대방이 짧게 답하도록 유도하는 것이 바람직하다.

다 주장을 펼치지 않는다

확인질문은 유일하게 상대방과 직접 대면하여 대화를 주고받는 과정이다. 이때 자칫 흥분하게 되면 상대방을 향하여 자신도 모르게 주장을 펼치기 쉽다. 그러나 확인질문은 질의가 목적이기 때문에 상대방과 논의를 주고받거나 자신의 주장을 제시하는 일은 피해야 한다. 주장은 입론과 반론에서 펼쳐야 하는 것이기 때문이다.

확인질문에 대한 응답 방법

확인질문에 대답하는 토론자는 다음과 같은 사항에 유념해야 한다.

가 상대방의 질문에 성실하게 응답한다

질문을 받는 측은 상대방의 질문에 반드시 대답해야 할 의무가 있다. 그러나 질문에 답하는 것이 의외로 어려운 경우가 있다. 특히 해당 질문에 응답할 경우 자신에게 불리할 것이라고 판단될 때, 질문과 연관된 다른 내용을 답하는 오류를 범하는 경향이 많다.

🔴 나 적절하고 정확한 근거에 입각해서 응답한다

결론을 말하고 근거를 제시하는 것이 일반적인 말하기 방식이지만, 확인질문에 대한 응답은 근거에 입각해서 논의를 전개하는 것이 좋다. 질의자로부터 근거를 설명할 시간을 제지당할 가능성이 있기 때문이다. "그렇다. 왜냐하면~"과 같은 방식이 아니라 "~이므로, 그러하다"와 같은 방식으로 대답하는 것이 효율적이다.

🔴 다 역으로 질문하지 않는다

응답자가 거꾸로 질문자에게 질문을 하는 것도 범하기 쉬운 잘못이다. "왜~ 무엇인가?"라고 질문을 받고서 "왜~이 아닌가?"라고 대답하는 것이 전형적인 예다. 이는 상대의 질문에 올바르게 대답하는 방법이 아니다. 이유에 대하여 심문을 받았다면, 정확하게 그에 대한 이유를 설명해야 한다.

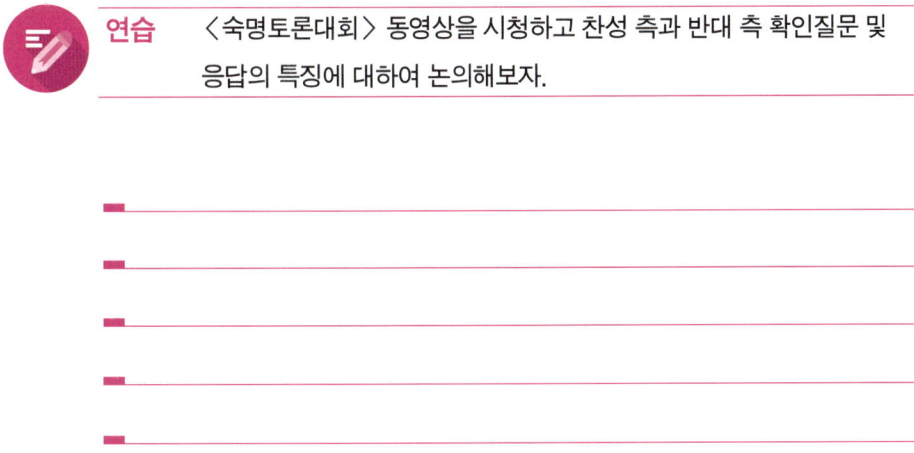

연습   〈숙명토론대회〉 동영상을 시청하고 찬성 측과 반대 측 확인질문 및 응답의 특징에 대하여 논의해보자.

연습 찬성 측과 반대 측 모두 상대방의 입론 및 반론을 예상한 다음 이에 대하여 어떻게 확인질문을 던지는 것이 효과적일지 논의해보자.

최종발언하기

　　최종발언은 앞에서 행한 토론의 내용을 각 팀의 입장에서 정리하고 마무리하는 시간이다. 토론의 전체 흐름을 다시 한 번 정리하고 이를 청중과 교감하기 위한 발언인 것이다.

　　토론의 전체 흐름을 정리하기 위해서는 먼저 우리 팀 입론의 논거들과 상대방 입론을 간략하게 요약하고, 우리 팀이 상대방 입론의 논거에 대해 어떻게 반론했는지 설명해야 한다. 다음으로 우리 팀의 반론에 대해 상대측이 어떻게 응수했으며, 그것이 어떤 점에서 설득력이 없는지에 대해 우리 팀이 발언한 내용을 정리한다. 마찬가지로 우리 팀의 논거에 대해 상대측은 어떻게 반론했으며, 이에 대해 우리 팀이 어떻게 효과적으로 재반론을 펼쳤는지, 그리고 어떤 점에서 상대측의 반론이 설득력이 없다고 주장했는지를 지적해야 한다.

　　이처럼 두 팀이 주고받은 반론들을 정리하고 평가할 때 그 내용들을 단순히 열거하는 데 그치지 않고, 핵심 쟁점을 중심으로 정리하는 것이 효과적이다. 따라서 최종발언을 준비하는 과정에서 토론의 핵심 쟁점이 무엇일지를 예상할 수 있어야 한다. 아울러 실제 토론 과정에서 드러난 핵심 쟁점을 포착할 수 있어야 한다.

결론적으로 최종발언에서는 핵심 쟁점을 중심으로 토론의 흐름을 정리하면서 우리 팀의 주장과 근거를 재차 강조해야 한다. 그렇기 때문에 최종발언에서는 새로운 논증이나 논거, 반론을 제기해서는 곤란하다. 청중과 교감하고 청중에게 호소하는 마지막 기회이므로 대미를 장식하기에 적합한 경구(aphorism), 즉 명언이나 마무리 멘트를 통해 청중에게 강렬하면서도 논리적인 인상을 주는 것이 효과적인 최종발언의 방법이다.

숙의시간 활용하기

교육토론에는 발언 순서가 정해져 있다. 토론 참여자는 순서에 따라 발언을 하는 과정에서 팀원과의 의견 교류가 필요할 때 숙의시간을 요청할 수 있다. 교육토론의 방식에 따라 숙의시간에 대한 규칙이 다르다. 8~25분 정도를 시합 도중에 언제라도 사용할 수 있는 유연한 경우도 있지만, 각각의 발언에 앞서 1~5분 정도의 숙의시간이 정해져 있는 고정식 숙의시간 제도도 있다.

상대 팀의 반론이나 질문을 미리 예상한다 할지라도, 예상과 다른 내용이 제시될 경우 당황하기 쉽다. 이때 숙의시간을 요청하여 팀원과 숙의할 필요가 있다. 제한된 숙의시간을 가능한 한 효과적으로 활용하기 위해서는 팀원 간에 핵심어만으로 소통할 수 있도록 논지를 서로 공유해야 한다. 이를 위해 사전에 많은 연습이 필요하다.

토론 평가하기

토론을 평가하는 것은 우리가 직접 참여한 토론에 대해 반성적으로 되돌아볼 기회를 갖는 일이다. 동시에 설득력 있는 논증이 무엇이며 어떤 방식으로 주장을 표현하는 것이 청중을 효과적으로 설득시킬 수 있는 것인지를 배우는 기회이기도 하다. 그렇다면 토론은 어떤 기준 아래 평가해야 하는가?

㉮ 적절한 논증 제시 능력에 대한 평가

논제에 대한 찬반 주장에 대해서 제시된 논거들이 과연 적합한 것인지, 구체적이고 정확한 증거자료에 입각한 것인지, 혹은 시기적으로 적절한 것이며 참신한 것인지를 평가한다.

㉯ 논리적 추론 능력 및 반론 능력에 대한 평가

상대 팀이 제시한 논증에 대해서 주장과 논거를 적절하고 일관성 있게 분석하고 추론한 다음 정확한 증거를 제시하면서 상대방의 논점을 효과적으로 논박하였는지를 평가한다.

㉰ 수사적 설득 기술에 대한 평가

문장과 어휘 선택은 적절한지, 애매한 개념들은 없는지 등과 같은 표현 능력과 토론 내용의 전달 방식 및 능력에 대해 평가한다.

㉱ 토론 윤리의 준수 정도에 대한 평가

상대의 주장을 경청하는지, 무례한 태도는 없는지, 인신공격이나 폄하하는 감정적 발언은 없는지에 관한 평가다. 일반적으로 공적 담론에서 지켜야 할 예의를 평가한다.

마 토론 내용의 일관성 및 팀워크에 대한 평가

토론 팀이 토론 진행 과정에서 제기한 주장들과 근거들이 전체적으로 일관성을 유지하고 있는지, 토론자들이 자신이 맡은 역할을 충실하게 수행하면서 팀에 적극적으로 기여했는지를 평가한다.

● 토론 평가표

	평가 기준
공통 항목	* 언어적 표현의 명료성과 적절성 * 토론 예절 및 토론 규칙의 준수 여부
입론	* 토론의 쟁점을 잘 포착하고 명확하게 표현했는가 * 주장에 대한 적절한 논거를 제시했는가 * 주장에 대한 논거가 다양하고 참신한가
확인 질문1	* 확인질문에 효과적으로 답변하였는가 * 토론의 쟁점을 명확히 하는 데에 도움이 되었는가 * 상대방 주장의 허점을 적절히 지적했는가
반론1	* 상대방 입론의 핵심을 문제 삼고 있는가 * 상대방 논리의 문제점을 잘 비판했는가 * 상대방 지적에 대해 적절히 응수했는가
확인 질문2	* 확인질문에 효과적으로 답변하였는가 * 토론의 쟁점을 명확히 하는 데에 도움이 되었는가 * 상대방 주장의 허점을 적절히 지적했는가
자유 토론	* 상대방 논리의 문제점을 잘 비판했는가 * 상대방 지적에 대해 적절히 응수했는가 * 팀원 간의 협력은 잘 이루어졌는가
반론2	* 남아있는 중요한 반론거리를 모두 지적했는가 * 상대방 논리의 문제점을 잘 비판했는가 * 상대방 지적에 대해 적절히 응수했는가
최종 발언	* 핵심쟁점을 중심으로 토론의 큰 흐름을 잘 요약했는가 * 자신들의 최종 결론을 효과적으로 부각시켰는가
	합 계
총평	

찬성팀:		반대팀	
각 단계별 평가에서 항상 반영하여 채점함			
5 4 3 2 1	**1**(갑)	**3**(갑)	5 4 3 2 1
+1 0 -1			+1 0 -1
5 4 3 2 1	**4**(을)	**2**(을)	5 4 3 2 1
5 4 3 2 1	**5**(병)	**7**(병)	5 4 3 2 1
+1 0 -1			+1 0 -1
5 4 3 2 1	**8**(갑)	**6**(갑)	5 4 3 2 1
10 8 6 4 2			10 8 6 4 2
5 4 3 2 1	**9**(을)	**10**(을)	5 4 3 2 1
5 4 3 2 1	**11**(병)	**12**(병)	5 4 3 2 1
( )점			( )점

부록

1. 발표의 유형
2. 토론 방식 유형

부록 1

01

발표의 유형 : 발표

발표의 이해

발표는 한 사람의 화자가 다수의 청중을 대상으로 의사를 전달하는 말하기 형식이다. 발표에는 교사의 수업이나 강연, 정치인의 연설, 직장인의 브리핑과 프레젠테이션, 학자의 논문 발표, 성직자의 설교나 설법, 각종 격려사나 축사 등 다양한 형태가 있다. 이러한 발표는 정보, 지식, 사상, 의견, 감정 등을 주고받으며 상대방의 의견이나 행동에 영향을 미치는 행위라고 할 수 있다. 공적인 상황에서 발표를 연습하는 것은 자신의 생각을 자신 있게 표현하고 전달하는 의사소통 능력을 향상시키는 데 목적이 있다. 우리는 발표 준비 과정과 발표 연습을 통해 주제에 대한 이해와 증거를 수집하고 이를 처리하고 가공하는 능력과 같은 인지 능력, 발표 개요를 작성하며 논리적으로 결론을 도출하는 합리적이고 비판적인 사고 능력, 시청각 자료를 활용하고 시간을 관리할 수 있는 조직적 능력, 발음과 발성 등을 활용하는 말하기 능력, 발표 자세와 제스처, 시선 처리, 표정과 같은 비언어적 의사소통 표현 능력 등을 자연스럽게 함양하게 된다.

성공적인 발표는 발표자와 청중이 한 마음으로 공동의 인식과 느낌을 공유할 때 이루어진다. 발표는 외형상 화자인 발표자가 자신의 생각이나 주장을 청중에게 일방적으로 전달하는 것으로 보인다. 때문에 청중은 발표에 직접적인 영향력을 행사하지 못하는 것처럼 여겨진다. 그러나 발표는 일방통행이 아니라 발표자와 청중이 이해를 교환하는 쌍방향 의사소통의 과정이다.

발표를 준비할 때 발표자는 청중의 수준과 관심에 맞추어 충분히 자료 조사를 하고 주어진 시간과 상황을 고려하여 내용과 전달 방법을 결정해야 한다. 또한 발표 현장에서도 청중의 반응을 주시하고 준비한 내용을 가감하거나 음성이나 제스처 등에 있어서 유연한 변화를 모색해야 한다. 효과적인 발표를 위해 발표자는 주제와 관련된 핵심적인 아이디어를 모으고 논리적인 체계를 세워야 한다. 무엇보다도 청중의 요구를 분석하고, 그들이 원하는 바를 정확하게 헤아려 청중의 눈높이에서 발표할 수 있도록 준비해야 한다.

한편 청중은 발표자가 좋은 발표를 할 수 있도록 도와주어야 한다. 단순히 소리를 수신하는 듣기(hearing)가 아니라 들은 내용을 적극적으로 해석하고 진지하게 받아들이는 경청(listening)의 자세가 필요하다. 이를 위해 자기중심적 틀에서 벗어나 상대방의 입장에서 주의 깊게 듣고 긍정적인 피드백을 통해 잘 듣고 있음을 보여 주는 경청의 윤리를 실천해야 한다. 상대가 말하는 의미를 적극적으로 해석하고 비판적으로 검토하려고 노력해야 하는 것이다. 바람직한 경청 자세를 보이는 청중의 긍정적인 태도를 통해 효과적인 발표는 완성될 수 있다.

발표의 종류와 전달 방법

발표는 먼저 발표의 목적을 세우고 상황에 맞춰 기획하고 준비하는 단계, 관련 자료를 찾아 발표문을 체계적으로 작성하는 단계, 청중을 대상으로 구체적인 내용을 전달하고 실행하는 단계, 마지막으로 청중의 평가를 받는 단계로 구성된다. 따라서 발표를 준비할 때 제일 먼저 해야 하는 일은 발표의 목적을 세우고, 이에 따라 발표의 유형을 결정하는 일이다. 발표자는 발표의 목적을 명확히 하면서 청중이 관심 있어 하는 주제가 무엇인지, 발표를 듣는 청중이 기대하는 바가 무엇이며 어떻게 반응하기를 원하는지를 고려하여 발표 유형을 결정하게 된다.

발표의 종류

발표의 종류는 발표의 목적을 기준 삼을 때 정보 전달형, 설득형, 의례형 세 가지로 구분된다. 그러나 이는 편의상의 분류일 뿐, 이들은 공통의 특성을 지니고 있다.

정보 전달형은 강의, 설명회, 브리핑, 프레젠테이션 등 청중에게 지식을 주고 어떠한 사실에 대한 이해를 돕기 위한 목적에서 이루어지는 발표 유형이다. 이 유형은 청중의 필요를 파악하여 주제와 연관된 정보와 자료를 체계적으로 수집하고 분석하며, 문제 상황의 핵심을 정리하여 설명하는 데 목적이 있다. 따라서 이 유형의 경우 주제와 관련된 지식과 고급 정보를 청중이 쉽게 이해할 수 있도록 조직적으로 구성하여 내용을 전달하는 일이 무엇보다 중요하다. 단순히 정보를 나열해서는 안 되며, 정보 가치가 높은 내용을 바탕으로 정확하고 명쾌하게 발표가 이루어지도록 해야 한다.

설득형은 발표자가 의도하는 방향으로 청중을 납득시켜서 그들의 신념, 가치관, 태도 등을 변화시키는 데 목적을 두고 이루어지는 발표 유형이다. 선거 유세, 캠페인, 연설, 세일즈, 광고 등에서 나타나는 말하기 형태가 바로 그것이다. 이 유형의 발표에서는 발표자가 자신이 말하는 내용에 대해 충분한 확신과 열정을 갖고 있음을 보여줌으로써 청중의 이성적, 감성적인 측면 모두에 호소하게 된다. 따라서 청중이 발표를 듣고 난 후 자신의 태도나 신념을 바꾸거나 납득할 수 있도록, 즉 청중의 숨은 욕구와 이해관계를 파악하여 그들의 마음을 움직일 수 있도록 논리와 감정 두 측면 모두를 고려하여 메시지를 전달하는 것이 중요하다.

의례형은 각종 행사와 의식에서 이루어지는 발표 유형이다. 발표자와 청중 모두 모임의 취지를 이해하고 서로 공감하는 가운데 친교적인 분위기에서 이루어지는 발표인 것이다. 수상식, 퇴임식, 결혼식, 만찬 등 각종 행사의 축사나 사회, 장례식에서의 조사, 감사를 표하는 소감 발표나 모임에서의 건배사 등과 같이 일상생활에서 다양한 형태로 존재하는 말하기 유형이 이에 해당한다. 의례형 발표에서는 각종 모임의 상황과 분위기에 따라 요구되는 정형화된 기본 형식을 지킬 필요가 있다. 따라서 발표자는 정해진 문구를 고려하여 말할 내용과 전달 방법을 준비해야 한다.

발표는 기본적으로 전달하려는 내용을 담은 문서 자료와 시각 자료, 그리고 발표자의 언어적 표현이라는 세 요소가 조화를 이룰 때 효과적으로 행해질 수 있다.

전달 방법

발표의 성패는 발표자의 전달 능력에 달려 있다고 해도 과언이 아니다. 발표자는 발표 시 전달하는 언어, 비언어적 표현에 유의해야 한다. 발표자의 명료한 언어 표현과 자신감 있는 태도는 발표에서 무엇보다 중요하다. 따라서 발표자는 공적 자리에서 사용되는 어휘, 문장, 문법을 익히고 다양한 수사적 표현 등을 통해 메시지를 전달하도록 노력해야 한다. 원고를 보고 읽는 식의 발표는 청중에게 자칫 지루함을 줄 수 있다. 청중을 몰입시킬 수 있도록 생동감 있는 언어와 비언어적 표현을 통해 발표가 이루어져야 한다.

　　문서 자료(documents)와 시청각 자료(visual aids) 등의 활용은 발표 내용을 보다 효과적으로 전달하는 방편이 될 수 있다. 문서 자료는 발표 내용에 관한 문서 정보와 관련된 자료로서 정확해야 하며 체계적으로 준비되어야 한다. 발표 시 청중의 이해를 돕기 위해 글로 정리한 유인물을 나눠줄 수도 있다. 문서 자료가 객관적인 정보에 바탕하여 명료하게 정리되어 있는지, 전달하려는 내용을 충분히 담고 있는지 사전 점검이 필요하다.

　　시청각 자료의 활용은 발표 시 청중의 흥미를 높이기 위해서 다양한 매체를 이용하는 일이다. 시각과 청각을 자극하여 내용을 전달한다는 점에서 시청각 자료는 발표 내용에 대한 청중의 이해와 기억을 높일 수 있다. 정보 전달형 프레젠테이션의 경우 특히 그림, 사진, 그래프, 도표, 만화, 애니메이션, 영상 등이 활용될 수 있는 파워포인트(PowerPoint)를 통해 관련 내용을 효과적으로 전달할 수 있다.

효과적인 발표의 조건

　　발표자와 청중이 함께 만들어가는 쌍방향 대화가 발표다. 따라서 성공적인 발표를 위해서는 내용과 표현 방법 모두가 효과적이어야 한다. 아무리 내용을 잘 준비했어도 효과적으로 전달하지 못하면 무의미하며, 표현 기술이 탁월해도 별다른 내용이 없다면 공허한 발표가 될 수 있다. 좋은 발표란 양질의 콘텐츠를 구성하고 청중의 눈높이에서 전달하는 것이다. 이와 관련하여 그라이스(Grice)가 말한 다음의 네 가지 규칙을 참고할 필요가 있다.

발표 목적에 필요한 만큼 정보를 제공한다

발표할 내용을 준비하는 단계에서는 무엇보다도 메시지를 뒷받침할 충분한 정보를 확보해야 한다. 발표자로서 자신의 관심을 반영하되, 청중과 상황을 철저히 분석하여 필요한 정보를 취사선택하는 것이 중요하다. 주제와 시간을 고려하여 너무 부족하지도, 넘치지도 않는 적정 분량의 내용을 구성해야 한다.

발표 내용이 진실해야 한다

발표 내용의 진실성을 확보하는 일은 매우 중요하다. 이는 비단 강의나 강연, 학술 발표와 같이 정확한 정보에 기초한 발표에서만이 아니라 정치인의 연설이나 세일즈와 같은 성격의 말하기에서도 요구되는 조건이다. 사실에 바탕을 둔 정보를 전달하는 것은 발표의 기본이다. 우선 청중의 마음을 사로잡고 보자는 식으로 거짓 증거를 대거나 아전인수격의 논리를 펼치며 사실을 왜곡하는 태도는 지양해야 한다.

때와 장소, 상황과 목적에 적합해야 한다

발표의 내용과 양식은 주어진 여건과 상황을 고려해 결정해야 한다. 별 내용 없이 장황하게 늘어놓는 식의 발표는 청중의 관심과 주의를 끌지 못한다. 상황과 목적에 맞는 발표를 하기 위해서는 객관적 조건들을 분명히 인식하고, 그에 맞는 주제와 내용, 표현 방식 등을 선택해야 한다.

청중과 대화를 나누듯이 자연스럽게 말한다

발표는 정해진 주제에 대해 자신이 하고 싶은 말을 일방적으로 전달하는 행위가 아니다. 이해와 공감을 얻기 위해 청중의 관심사를 충분히 파악하고, 자연스럽게 대화하듯이 전달해야 한다. 또한 청중이 흥미를 느끼도록 다루려는 내용을 어떻게 표현해야 할지 결정해야 한다. 아무리 훌륭한 내용이라도 원고를 단조롭게 낭독하거나 과장된 목소리 혹은 현란한 몸짓으로 전달할 경우 어색한 분위기를 연출할 수 있다.

우리는 모두 발표를 잘 하길 원한다. 대중 앞에서 멋지게 발표하는 유명 연사나 말을 잘 하는 사람들을 보면 부러워하며 처음부터 말재주가 뛰어났거나 선천적으로 말을 잘하는 능력을 타고났다고 여긴다. 또한 자신은 말 주변이 없어 발표를 잘 할 수 없다고 지레 포기하기도 한다. 그러나 링컨의 연설이 역사에 길이 남은 이유는 유창하고 화려한 말솜씨 때문이 아니었다. 진솔함으로 정곡을 찌르는 내용과 명쾌하고 간결한 표현 때문이었다. 청중의 마음을 사로잡는 효과적인 발표가 무엇인지 그 원리를 알았다면, 이를 바탕으로 꾸준하게 연습하여 발표 능력을 키워가는 실천적인 노력이 필요하다.

지금까지 우리는 발표의 목적, 의미, 종류 등 발표란 무엇인가 하는 것에 대해 알아보았다. 이제는 발표를 위해 무엇을 준비해야 할 것인지에 대해 알아보도록 하자. 형식적인 면에서 쌍방향 의사소통(two way communication)인 대화와 달리 발표는 흔히 일방향 의사소통(one way communication)으로 간주된다. 그러나 실제 발표에는 쌍방향적인 측면이 많다. 따라서 발표를 준비할 때 우리는 발표자로부터 청중에게로 향하는 정보 전달의 흐름뿐만 아니라 청중으로부터 발표자에게로 돌아오는 반응도 고려해야 한다. 이때 청중과 발표자 각각의 측면에서 여러 가지를 따지고 살펴볼 필요가 있다. 청중에 대해 분석할 바와 발표자의 자기관리법에 대해 알아보기로 하자.

청중 분석

좋은 발표는 청중 중심적이다. 성공적인 발표는 청중의 기억에 오래 남는다. 이를 위해서는 청중이 잘 이해할 수 있는 방식으로 발표할 필요가 있다. 훌륭한 발표자는 자신의 지식을 과시하거나, 우월한 능력을 자랑하는 등과 같은 우를 범하지 않는다. 대신 청중이 원하는 것이 무엇인지, 청중이 잘 알아듣도록 하려면 어떻게 해야 하는지에 관해 끊임없이 고민한다. 좋은 발표자는 발표를 준비할 때 다음과 같은 점에 대해 고민하고 세심하게 준비한다.

- 청중의 구성원은 누구인가
- 발표하려는 화제는 청중이 관심을 가진 것인가
- 화제에 대해 청중은 어느 정도의 호감과 이해를 보이고 있는가
- 청중의 기억에 오래 남도록 하려면 내용을 어떻게 조직해야 하는가
- 어떤 전달 방법을 구사해야 할 것인가

청중 분석의 방법

그렇다면 청중 분석에는 어떠한 방법이 있을까? 청중에 관한 정보를 수집하는 방법으로 우선 발표를 계획한 주최 측이 있을 경우 직접 물어서 해결할 수 있다. 발표 수업과 같이 발표자가 청중과 밀접한 관련이 있는 경우에는 직접 관찰하거나 간단한 설문조사를 통해 정보를 얻을 수 있다. 이것으로도 해결이 안 될 경우 같은 연령대나 비슷한 배경을 가진 사람들과 상의하는 방법도 하나의 해결책이 될 수 있다. 청중 분석을 할 때는 연령, 교육 수준, 성별, 직업, 수입 정도, 인종,

종교, 국적, 지역성, 정치 성향 등을 고려해야 한다.

발표 수업에서는 대개 청중의 특성이 균질적이다. 비슷한 청중이 모여 있기에 발표 수업은 자신의 발표 능력을 점검하기 위한 좋은 시험 장이 될 수 있다. 즉, 발표를 들어주는 동료 학생들은 발표자 자신과 비슷한 특성을 지니고 있어 구체적인 생각과 태도와 감정을 가지고 즉각적인 반응을 보여 줄 수 있는 것이다. 따라서 발표 수업에 대해 심리적인 부담을 갖기보다는 자기 훈련의 기회로 삼아야 한다. 나아가 발표 수업의 궁극적 목표가 단순히 다른 사람에게 정보를 전달하거나 다양한 발표의 기술을 배우는 데 있는 것이 아니라, 특정 상황에서 특별한 청중에게 자신의 생각을 전달하는 능력을 계발하고 훈련하는 데 있음을 알아야 할 것이다.

통계적 청중 분석과 대응

발표는 특별한 청중을 향해 말하는 것이다. 그러므로 청중의 세세한 특성을 파악하는 것이 매우 중요하다. 그런데 청중은 여러 가지 특성을 가진 다수의 사람들이기에 그들의 관심사, 이해 수준, 연령 등을 파악할 필요가 있다. 청중의 특성은 크게 발표의 상황과 관계없이 양적, 객관적으로 나타낼 수 있는 것과 발표 상황에 따라 달라지는 것으로 나누어 볼 수 있다.

먼저 청중의 연령, 교육 수준, 성별, 수입 정도, 인종, 종교, 국적, 지역성 등은 발표의 상황과 관계없이 청중의 특성을 양적이고 객관적으로 드러낼 수 있는 지표다. 이러한 지표를 바탕으로 이루어지는 것이 통계학적 청중 분석이다. 특히 국적, 인종, 종교 등의 통계학적 청중 분석은 어학연수나 해외 탐방, 그리고 해외 지사 파견 등 다른 문화권과의 교류가 빈번해지는 오늘날에 더욱 더 필요한 과정이다.

발표 준비는 특수한 상황에서 특수한 청중에게 전달하고자 하는 내용을 설계하는 일이다. 청중의 구성원은 누구인지, 화제에 어느 정도 관심을 갖고 있는지, 이해의 수준은 어느 정도인지 등과 같이 구체적이고 세밀한 측면까지 분석해야 성공적인 발표를 할 수 있다. 청중 분석은 이와 같이 화제를 조정하고, 자료를 선택하고, 청중의 이해와 지식 수준에 맞추어서 내용을 구성하는 등 발표 준비의 전 과정을 위한 바탕이 된다.

상황에 따른 청중 분석과 대응

상황 특성에 따른 청중 분석은 일단 통계학적 청중 분석이 이루어진 다음 이를 바탕으로 진행해야 한다. 이에는 직접적인 발표 상황에서 보여 주는 청자의 특징과 반응이 포함된다. 청중의 규모나 지식 수준, 청중의 심리에 영향을 미치는 장소와 시간대, 조명 상태, 소음 정도, 발표자와 화제 및 상황에 따른 청중의 성향과 관심도 등이 그것이다.

> ● **청중의 규모**
> 미숙한 발표자일 경우 청중이 많으면 불안증이 커져 제대로 발표하기 어렵다. 처음에는 대략 40명 정도의 규모에서 출발하는 것이 좋다. 청중의 규모가 크면 클수록 그 영향력도 크지만, 형식적인 발표가 되기 쉽다. 그러므로 청중이 많을수록 언어의 선택에서부터 목소리의 크기나 시청각 자료 등에 이르기까지 세심하게 준비해야 한다.

● **심리에 영향을 미치는 요소**

청중의 심리에 영향을 미치는 장소의 상태, 시간대, 조명 상태, 소음 정도 등에 대해서도 충분히 고려해야 한다. 물론 이 부분에 대해서는 아무리 충분하게 대비한다 해도 돌발사항이 일어나게 마련이므로, 여유 있고 열성적인 태도로 발표하여 청중을 사로잡는 융통성이 필요하다.

● **화제에 대한 관심도**

좋은 발표가 되기 위해서는 청중의 관심을 미리 파악해야 한다. 만약 화제가 청중의 관심을 끌지 못한다면 도입부를 튀게 하거나, 자극적인 디테일을 준비한다거나, 생생한 언어 사용, 역동적인 전달 방법, 시청각 자료 준비 등을 동원하는 노력을 기울여야 한다. 화제에 대한 청중의 관심을 파악하게 되면, 발표 자료를 어떻게 선택하고 정리할 것인지 쉽게 결정할 수 있다. 또한 청중 사이에서 두드러지는 관심이나 태도를 미리 알 수 있다면, 청중이 듣고자 하는 내용에 용이하게 접근할 수 있다.

● **청중의 지식 수준**

사람들은 대부분 자신이 알고 있는 것에 대해서는 관심을 표명하는 경향이 있으며, 흥미 있는 주제에 대해서는 배우려는 의지를 드러낸다. 따라서 화제에 대한 청중의 지식 정도를 파악하게 되면, 발표에서 무엇을 말할지 쉽게 결정할 수 있다.

주제에 대해 잘 모르는 청중일 경우 기초부터 차근차근 설명하고 전문용어를 피하고 일상어로 표현해야 한다. 반면 주제에 대해 잘 아는 청중일 경우 기존의 지식과 새로운 지식을 접목하여 전문용어로 설명해야 청중들이 흥미를 갖게 된다. 또 무관심한 청중일 경우 초입부터 그 중요성을 부각할 뿐만 아니라 실제적인 삶과 결부시켜 설명해야 한다.

● **발표자에 대한 호감도**

발표자에 대한 호감도는 첫인상에 좌우되는 경향이 크다. 그러나 성숙한 청중일수록 발표자가 유능하기를 바라고, 발표하는 내용을 쉽게 받아들인다. 또한 발표자에 대해 관심이 많으면 많을수록 청중은 발표자의 메시지에 긍정적으로 반응한다. 국회에 가면 국회의원의 정견 발표를 기대하듯 청중은 상황에 따른 적절한 발표를 기대하고 예상한다. 따라서 상황에 알맞은 발표를 준비해야 한다.

- **부록 1**
- **02**
- **발표의 유형 : 자기소개**

자기소개란 무엇인가

　　　　　자기소개는 집단을 구성하고 있거나 장차 구성원이 될 사람들 사이에서 흔히 이루어진다. 만난 지 얼마 안 되어 잘 모르는 사람들에게 자신을 소개하는 경우가 있다. 이런 소개를 통해 자신에 대한 일련의 정보를 전달하거나 혹여 있을지 모를 편견을 없애기도 하며, 친교의 기회로 삼기도 한다. 한편 특정 집단에 들어가기 위해 예비 구성원으로서의 능력과 자질 등을 적극적으로 소개하는 경우도 있다. 이러한 자기소개에서는 자신의 품성, 장점, 가치관 등을 분명하게 드러내는 것이 일반적이다. 특히 다른 사람들과 구별되는 자신만의 독특한 요소를 구성하여 전달하곤 한다. 그 외에 의례적인 공간에서 행하는 자기소개도 있다.
　　　　이처럼 자기소개는 다양한 상황에서 '나'에 대해 발표하는 행위의 하나다. 즉, 나를 가장 잘 아는 사람인 '나'가 '나'와 관련된 많은 정보 가운데 어떤 정보를,

어떤 상황에서, 어떻게 전달할 것인가를 구성하는 행위인 것이다. 그러므로 자기소개에서는 발표자 자신에 대한 숙고와 이해가 필요하다. 아울러 상황과 목적에 따라 선택되는 정보의 수준, 그리고 구성 방식이 다를 수 있다는 사실에 유의해야 한다. 이를 위해 먼저 해야 할 것은 자기 자신에 대해 정확히 잘 아는 일이다. 그럼으로써 자신에 관한 제대로 된 정보를 구성원들에게 전달할 수 있다.

대부분의 자기소개는 짧은 시간 안에 이루어진다. 또한 그 목적과 상황이 다양하기 때문에 평소 목적과 상황에 맞는 최소한의 개요를 준비해 놓는 것이 좋다. 자신의 연표(年表)나 이력(履歷)을 개요 수준에서 구성해 보는 것이 그 한 방법이다.

상황 설정하기

자신에 대해 잘 아는 것과 자신의 면면을 잘 전달하는 것은 다르다. 또 자기소개의 기회가 빈번하다고 해서 말하기 능력이 저절로 터득되는 것도 아니다. 자기소개의 내용뿐만 아니라 상황과 맥락까지 고려할 때, 또 관계 요소들을 고려하여 준비할 때, 그리고 이를 조직된 형태로 작성하여 연습할 때, 효과적인 전달에 이를 수 있다.

입학 후 첫인사, 동아리 가입이나 미팅, 아르바이트 면접, 취업 면접 등 다양한 상황에서 자기소개를 한다. 그밖에도 일상생활의 수많은 의례적 장소에서 빈번하게 경험하게 되는 것이 자기소개다. 이와 같은 자기소개는 내용과 상황에 따라 조금씩 다르다. 이때 자신에 관한 정보가 달라지는 것이 아니라 많은 정보 가운데 선별하고 구성하는 정보의 종류가 달라진다. 정보를 재구성하기 위한 상황 설정과 청중 분석이야말로 자기소개의 첫 단계라 할 수 있다.

대학에 들어와 친구에게 자기소개를 할 경우에는 자신의 성격이나 취미, 가족 관계, 전공, 장래 희망 등이 주된 항목이 될 것이다. 정보 전달과 더불어 친교의 기회를 제공하는 자리이기 때문이다. 친구들이나 또래 집단을 대상으로 비교적 편안하게 할 수 있는 자기소개의 경우 짧은 시간 안에 자신을 기억시킬 만한 참신한 소재, 공감적 요소를 찾는 것이 중요하다. 진정성은 자기소개의 기본이지만 친구들이나 또래 집단에서의 상황이라면, 무거운 주제나 장황한 분량보다 짧고 기억에 오래 남을 만한 것에서부터 시작하는 것이 좋다. 하지만 특정 회사에 취업을 전제로 자기소개할 경우에는 회사가 요구하는 인재상(人材像)에 부합하는 측면, 회사에 취직해야 하는 이유를 설득하는 데 주안점을 두어야 한다. 즉, 자신의 이력 일반을 일목요연하게 전달하면서도 자신만의 장점과 능력을 극대화시켜 줄 항목(경험, 성과 등)을 활용하는 것이 필요하다.

내용 구성 및 자기소개하기

자기소개는 이른바 말만 번지르르한 '화술(話術)'과는 다르다. 유머러스하게 좌중을 휘어잡는 방법과도 거리가 있다. 자기소개는 소통을 위해 발표자 스스로 숙고하고 이해하는 행위이며, 나아가 타인의 마음 안에 발표자를 들어앉게 하는 설득의 말하기다.

자기소개는 주어진 시간이나 환경에 따라 다를 수 있지만, 대개는 화제 도입, 내용 전개, 마무리 순으로 구성된다. 연표(年表) 혹은 다양한 화제, 사실(事實), 의견 등을 자료로 활용하여 듣는 이의 관심을 끌만한 도입, 일목요연한 정보의 나열과 지루하지 않은 입체적 전개, 강력한 이미지나 메시지가 담긴 마무리로 구성하는 것이 일반적이다. 특정한 주제나 소개의 양식이 있는 경우 청자가 기대하거나 요구하는 사항을 염두에 두고 각각의 항목을 간결하게 구성해야 한다.

자기소개에서는 몇 가지 효과에 유의할 필요가 있다. 우선적으로 거론할 수 있는 것이 초두 효과(primary effect)다. 첫인상을 좋게 보이려고 여러 모로 준비하고 이것저것 살피는 경우가 있다. 자기소개에서도 그만큼 첫인상에 해당하는 도입 부분이 중요하다. 초두 효과에 의해 어떤 사람에 대한 인상이 처음에 좋게 인식되면, 다음에 부정적인 말이나 행동이 이어져도 청중은 그것을 합리화시켜 긍정적으로 생각하게 된다. 따라서 자기소개를 할 때, 좋은 점을 먼저 소개하고 단점을 나중에 소개하게 되면 소개를 받는 사람에게 자신을 좋은 이미지로 형성할 수 있다. 그러나 반대로 구성할 경우 부정적인 이미지를 형성하기 쉽다. 먼저 알게 된 정보가 나중에 알게 된 정보보다 인상적으로 형성되기 때문이다.

한편 자기소개에서 인상적이고 특징적인 면을 통해 강력한 이미지를 창출하려는 시도는 그 사람의 다른 측면까지 미루어 짐작할 수 있게 하는 후광 효과(halo effect)와 관련이 있다. 후광 효과는 어떤 사물이나 사람을 평가할 때, 부분적인 속성에서 받은 인상 때문에 다른 측면의 평가나 전체적인 평가가 영향을 받는 일반화의 경향을 가리킨다. 후광 효과를 발휘할 만한 것이 있다면 굳이 사용하지 않을 이유가 없지만, 자기가 가지고 있는 진정한 면을 전달하는 데 더 공을 들여야 할 것이다.

평가하기

　　　　　　평가는 정해진 목표의 달성 여부를 알아보기 위한 활동이다. 그러므로 뚜렷한 목적 아래 이뤄져야 한다. 자기소개에 대한 평가는 다른 사람으로부터 피드백을 받고, 내용 및 전달 방법 등을 세련되게 완성하기 위한 과정이다. 동시에 세부적인 항목을 가늠하는 연습이기도 하다. 그 세부 항목으로 자기소개의 내용 구성이 적합했는가, 시선·목소리·몸짓 등의 처리가 적절했는가, 준비와 연습의 정도가 잘 드러났는가, 자신의 개성과 장점 혹은 청자가 듣고 싶어 하는 점을 충분히 전달했는가 등을 들 수 있다.

　　흔히 많은 사람들에게 평가를 받는 것이 최선이라고 생각하기 쉽다. 그러나 비슷한 목표를 가진 그룹, 특히 동료 학습자들의 수평적 피드백, 전문성을 갖춘 교수자의 수직적 피드백을 다면적으로 활용하는 것이 효과적이다. 또한 평가자들은 내용 구성과 상황 설정의 적절성 외에 발표자가 청중을 의식하기보다는 자기를 의식하는 것은 아닌지, 지나친 준비로 인해 기계적으로 반복하는 수준은 아닌지 등 세세한 부분까지 살펴보아야 한다. 자기소개를 하기 전에 원고 작성에 참여해서 준비 과정을 공유하는 것도 평가의 질을 높일 수 있는 한 방법이다.

부록 1

03

발표의 유형 : 프레젠테이션

프레젠테이션이란 무엇인가

　　프레젠테이션(presentation)은 일반적으로 발표 전체를 포괄하는 말이다. 그러나 우리 사회에서는 이 용어가 시청각 기자재를 활용하여 이루어지는 발표의 방법을 지칭하는 용어로 받아들여지고 있다. 흔히 프레젠테이션이라 하면 회사에서 이루어지는 제안서 발표, 신제품 설명회, 학교의 연구 발표 등을 떠올리게 된다. 이러한 우리 사회의 상황을 고려하여 여기서는 프레젠테이션의 의미를 '시청각 자료를 활용한 발표'로 제한하여 사용하기로 한다.

　　프레젠테이션은 연구 보고회나 제품 사용법 설명회와 같이 새로운 지식 정보의 전달이라는 목적을 지닐 때도 있지만, 대부분의 공적 말하기와 마찬가지로 최종 목적은 상대방을 설득하는 데 있다. 예를 들어 광고 기획사가 계약을 따내기 위해 광고주를 상대로 프레젠테이션을 한다면, 광고 기획사의 최종 목적은 광고 주가 자신의 광고 기획을 선택하도록 하는 것이다. 마찬가지로 학생들을 대상으로 이루어지는 강의는 새로운 지식과 정보 제공이 활동의 중심을 이루며, 거기에 학생들이 열심히 공부해 좋은 능력과 성적을 올릴 수 있도록 설득하는 과정이 필수로 포함된다.

프레젠테이션의 과정

프레젠테이션은 발표자(프레젠터, 보고자, 제안자)와 청중(프레젠티, 상대방, 상사, 고객) 사이에 이루어지는 정보(지식, 의견, 감정, 상품, 가치 관념)의 교환 과정을 말한다. 이 과정에서 발표자는 새로운 지식과 정보를 청중에게 전달하기 위해, 그리고 자신이 원하는 방향으로 청중의 행동 변화를 이끌어내기 위해 여러 가지 방법을 구사해야 한다.

프레젠테이션의 준비 과정

프레젠테이션의 목적을 성공적으로 달성하기 위해서는 어떤 준비 과정이 필요한가?

첫째, 무엇을 전달할 것인가를 결정해야 한다. 구체적으로는 화제를 정하고, 전달해야 할 내용을 구상하여 개요서를 작성해 보는 활동이 여기에 해당한다. 이러한 활동을 위해 자료 조사가 필요하다.

둘째, 전달할 내용을 어떻게 구성할 것인가를 정해야 한다. 개요서는 화제와 중심 생각을 가시화해 보는 활동으로, 전달해야 할 내용을 논리적으로 구성한 것이라고 볼 수 있다. 화제의 성격에 따라 '도입-전개-마무리'의 내용을 어떻게 배열할 것인지에 관해 시나리오를 작성해 보고, 파워포인트 프로그램을 활용해 슬라이드를 만들어 보는 단계가 여기에 해당한다.

셋째, 어떻게 전달할 것인가에 관해 구체적으로 검토해 보아야 한다. 실제 프레젠테이션을 한다고 가정하고 발표해야 할 장소나 시설, 그리고 발표자의 자기 점검을 해 보는 단계다.

넷째, 평가의 기준과 방법을 숙지하고 있어야 한다. 평가는 프레젠테이션이 끝난 후에 이루어지는 것이지만, 발표자는 사전에 평가 기준에 따라 자신의 프레젠테이션 전 과정이 제대로 준비되었는지 검토해 보아야 한다.

프레젠테이션 내용 결정

가 화제 정하기

프레젠테이션의 내용을 구성하기 위해서 가장 먼저 해야 할 일은 화제의 선정이다. 화제란 우리가 '무엇'에 대해 발표한다고 할 때, '무엇'에 해당하는 것이다. 이는 발표의 소재나 재료로서 발표를 통하여 전달하고자 하는 주제와 깊은 관련이 있다. 예를 들어 요즈음 심각하게 대두되고 있는 '원자력발전소 건설 문제'나 '청년 실업 문제'에 대해 발표를 한다고 한다면, 주제는 '원자력발전소 안전의 심각성' 또는 '청년 실업 해소 방안' 등이 될 것이다. 화제는 이 주제를 구체적으로 드러내 줄 다양한 말하기 거리 중의 하나다. 발표 제의를 받는 경우 대체로 주최 측으로부터 주제가 주어지지만, 주제를 구체적으로 담아낼 화제는 발표자 스스로 정해야 한다. 특히 수업에서는 학생 스스로 화제를 선정하는 연습이 필요하다.

화제 선정은 발표의 내용과 범위를 정하기 위한 첫걸음이다. 학생들이 화제 선정에서 겪는 가장 큰 어려움은 고민만 하고 시작을 미루는 데 있다. 시간을 오래 끌면 두려움은 점점 커지고, 두려움이 커지면 더욱 더 준비가 어렵게 된다. 그러므로 과제가 주어지자마자 바로 화제에 대해 생각하기 시작해야 한다. 수업 시간에는 물론 일상 대화 속에서, 통학하는 동안 스마트폰을 보면서 또는 텔레비전이나 신문, 잡지 등을 보면서도 화제를 찾을 수 있다. 평소 관심을 갖고 주변을 유심히 관찰한다면 손쉽게 화제를 선택할 수 있을 것이다.

화제를 선정할 때 우선 청중과 상황을 고려하고, 그 다음 발표자의 능력을 고려해야 한다. 자신이 흥미를 갖는 주제라 하더라도 청중의 관심사나 상황에 맞지 않다면, 그리고 자신의 능력과 수준에 맞지 않다면, 좋은 발표를 기대하기 어렵다. 이러한 요건을 충족시킬 수 있는 화제 선정의 조건을 제시하면 다음과 같다.

시의성 : 요즈음 사회적으로 관심사인 내용을 화제로 선정한다
공공성 : '나'만의 관심사가 아니라 '우리'의 관심사를 화제로 선정한다
탐구성 : 탐구할 만한 가치가 있는 것을 화제로 선정한다

그래도 좋은 화제가 떠오르지 않는다면, 다음의 세 가지 방법에 따라 찾아보자.

첫째, 자신의 경험, 관심, 취미, 기술, 신념 등의 목록을 작성해 본다.

둘째, 브레인스토밍을 한다. 그룹 과제라면 구성원들과 브레인스토밍한 결과를 피드백해본다.

셋째, 인터넷을 통해 혹은 도서관에서 자료를 찾아본다. 화제의 핵심 용어로 검색하여 자료 가치가 있는 내용을 선별한다. 온라인의 경우 불필요한 정보가 검색되어 혼란스러울 가능성이 높기 때문에 이에서는 반드시 객관적인 양질의 자료를 선별하는 작업이 필요하다. 도서관은 자료의 보고와 같은 곳이다. 특히 참고자

료실에 가면 각종 백과사전, 신문, 기록 등이 있는데, 이것을 잘 활용하면 필요한 근거 자료를 쉽게 찾을 수 있다.

🔴 나 자료 수집하기

발표를 준비하기 위해 자료를 찾는 작업은 글을 쓰기 위해 정보와 자료를 찾는 일과 유사하다. 참고할 자료가 많으면 많을수록 유용하지만, 자료가 많다고 반드시 활용가치가 높은 것은 아니다. 문제는 자신의 주장을 뒷받침할 적절한 근거 자료를 어떻게 확보하는가에 달려 있다. 적절한 근거나 자료가 제시되지 못한 발표는 자칫 현란한 주장만으로 장식된 발표가 되기 쉽다. 그러한 발표가 청중으로부터 신뢰받지 못할 것은 자명하다.

만약 어떤 화제에 대해 개인적인 경험이 풍부하거나 평균 이상의 지식을 가지고 있다면, 이를 자료로 활용하는 것도 좋다. 그러나 대체로 필요한 정보를 외부로부터 수집해야 하는 경우가 많다.

🔴 다 중심 생각과 세부 요점 정하기

중심 생각은 발표자가 청중에게 전달하거나 주장하고자 하는 메시지다. 발표의 서두 부분에서 중심 생각을 먼저 제시하면, 청중은 발표의 목적과 내용에 관해 예상할 수 있기 때문에 발표에 집중하고 기대감을 가질 수 있다. 발표자는 자신이 전달하고자 하는 중심 생각을 한 문장으로 압축하여 단문으로 제시하는 것이 좋다.

세부 요점은 화제를 구체화시킨 주장에 해당한다. 세부 요점은 청중의 특성과 상황에 맞아야 하고, 발표자 자신이 감당할 수 있는 범위 안에서 선택해야 한다.

라 프레젠테이션 문서 작성

❶ 논리적으로 배열하기

프레젠테이션 내용이 정해졌으면, 이를 전달하기 위한 실행 단계로 넘어가야 한다. 지금까지의 준비는 프레젠테이션을 행하기 위한 기초 작업이다. 이렇게 준비된 내용은 청중의 기억에 오래 남을 수 있는 방법으로 재구성되어야 한다. 이때 프레젠테이션 실행을 위한 전체 구성은 '도입 → 전개 → 마무리'의 흐름을 유지해야 한다. 논리적인 흐름이 아니더라도 서두와 본론의 구성, 마무리 등의 배열을 전달하려는 내용에 맞게 선택적으로 구성할 수 있다.

전달하려는 내용이 정보를 상대방에게 제공하거나 이해시키기 위한 것인가, 자신의 주장을 상대방에게 납득시키기 위한 것인가, 인물·장소·행동·물건 등을 상대방의 상상에 호소하며 공감하도록 재현하는 것인가, 어떤 변화 과정에 관한 것인가 등에 따라 여러 가지 배열 방법을 활용할 수 있다.

❷ 활용 도구 만들기

프레젠테이션의 효과를 충분히 발휘하기 위해서는 많은 정보를 단지 전달하는 데 그쳐서는 안 된다. 청중이 보다 많은 정보를 체계적으로 기억하도록 하기 위해서는 정보를 묶어서 제공하거나 다양한 수용 경로를 사용하는 지혜가 필요하다.

청중은 청각적 경로와 더불어 시각적 경로를 통해서도 많은 정보를 받아들이므로, 발표자는 다양한 장치를 활용한 정보 전달 방법을 고안해야 한다. 파워포인트나 프레지 등은 압축하여 주제를 전달할 수 있다는 점에서 효과적인 매체다. 슬라이드를 만들 때는 간결하고 단순하게 배열하여 내용이 명확히 전달되도록 해야 한다. 이때 사진, 슬라이드, 그림 등이 주제를 선명히 하는 데 활용될 수 있다. 도표 및 그래프는 산만한 내용을 일목요연하게 정리해 보여줄 수 있도록 만들어야 한다. 영상 자료는 연속 화면을 통해 사실성을 높여줄 수 있다는 점에서 효과적이다. 그 시간은 전체 발표의 10~20퍼센트 정도를 차지하는 것이 적당하다.

마 예행연습하기

발표 준비에서 가장 중요한 것이 충실한 연습이다. 연습은 실제 발표에서 나타나는 긴장감을 완화시키고 발표 내용을 자신의 것으로 만들도록 도와준다. 10번 연습한 사람과 100번 연습한 사람의 실제 발표 결과가 같게 나오지 않을 것이라는 예상은 누구나 할 수 있다. 발표에 왕도는 없으며, 모든 결과는 연습에 달려 있음을 기억하자.

이때 발표를 담당한 사람은 앞에서 준비한 프레젠테이션의 내용 및 상황 점검과 더불어 발표자 자신의 준비가 완벽한지 확인할 필요가 있다. 내용이 아무리 참신하고 논리적으로 잘 배열되어 있더라도 발표자가 그것을 충분히 전달할 수 없다면 프레젠테이션의 효과는 극대화되기 어렵다. 오랜 시간을 들여 준비해 온 내용을 짧은 시간에 잘 전달하기 위해 발표자는 심리적·신체적 준비를 해야 한다.

수업에서는 발표 상황을 미리 예상할 수 있다. 또한 그 상황은 대체로 동일하다. 따라서 시간 제한이 가장 큰 문제가 된다. 주어진 시간 안에 자신이 전하고자 하는 내용을 효과적으로 발표하기 위해서는 철저한 준비가 필요하다. '연습은 실전처럼, 실전은 연습처럼'이라는 말이 있듯이 실제로 발표 연습을 충분히 하여 자신감 있게 대비하는 자세가 중요하다.

프레젠테이션 실행하기

가 프레젠테이션 상황 체크하기

발표가 이루어지는 상황에 대한 분석은 청중의 기대와 발표자의 태도를 결정짓는 가이드라인이 된다. 발표의 효과를 극대화시키기 위해서는 사전에 다양한 요소들을 하나하나 꼼꼼히 점검해야 한다. 이 가운데 일반적으로 고려해야 할 사항은 청중의 규모, 장소, 발표 시간, 스피치에 필요한 설비, 시간 제한, 세부적인 과제 등이다.

나 프레젠테이션 실행하기

준비하고 연습한 대로 실행한다. 실수를 하더라도 침착하게 대응하고 겸손하고 진실한 자세로 임한다.

평가하기

프레젠테이션은 충실한 정보 전달을 토대로 설득력을 확보해야 하는 활동이다. 프레젠테이션에서는 화제의 참신성, 세부 요점의 논리적 배열, 그리고 발표자의 호소력 등이 평가 항목이 된다.

- 참신하고 창의적인 화제인가
- 전달하려는 바가 분명한가
- 전달하려는 내용이 논리적으로 배열되어 있는가
- 도구를 충분히 활용했는가
- 열정이 있는 프레젠테이션인가
- 발표자는 언어적, 비언어적 효과를 잘 활용했는가

평가자는 제시된 주장(설득)의 설득 구조가 타당한지, 표현이 정확하고 적절한지에 유의하며 경청해야 한다. 또한 발표의 맥락이 일관성 있게 진행되었는지, 통일성을 갖추고 있는지에 대해서 비판적으로 듣고, 평가하는 것이 중요하다.

프레젠테이션 TIPS ! : 스티브잡스 프레젠테이션의 비밀
- 스토리텔링을 만들어라
- 슬라이드를 단순하게 구성하라
- 지속적으로 반복 연습하라
- 각본을 버리고 열정을 드러내라
- 청중과 소통하라

프레젠테이션 평가표

평가자	소속(학번)	이름:

발표자(조)	
발표주제	
발표일시	년 월 일

5 매우 잘함   4 잘함   3 보통   2 부족함   1 매우 부족함

범주	평가항목	평가(점수)	총평
전달 내용	주제가 참신하고 창의적인가		
	내용의 전개가 논리적이고 일관성이 있는가		
	주장하는 바가 확실한가		
	새로운 정보나 생각을 제시하는가		
언어적 내용	용어 사용과 경어법의 사용이 적절한가		
	목소리의 크기와 속도가 적절한가		
	발음이 분명하고 간결하게 말하는가		
	청자를 고려하며 말하는가		
비언어적 내용	최선을 다하는 태도, 열정을 보이는가		
	자세와 옷차림이 바른가		
	알맞은 몸동작을 하고 있는가		
	공간 활용이 적절한가		
PPT	핵심 내용을 잘 전달하고 있는가		
	단순하고 명료한가		
	시청각 자료를 적절히 활용하는가		
	PPT 활용을 자연스럽고 유연하게 했는가		
총점			

부록 2

01

토론 방식 유형 : '숙명토론대회' 방식

특징

숙명토론대회는 논리적 분석력과 상황에 맞는 표현 능력을 갖춘 차세대 여성 리더를 육성한다는 취지 아래 2002년부터 시작되었다. 토론은 우리 사회에 민주주의 의식과 문화를 뿌리내리게 하는 중요한 의사소통 방식이다. 참가자들은 숙명토론대회를 통해 사회적 쟁점이 무엇인지를 파악하고, 이에 대해 문제를 제기하며 분석적으로 사고하고 종합적으로 판단하는 과정을 경험하게 된다. 이를 바탕으로 참가자들은 상대방과 논쟁을 하면서 합리적인 대안을 함께 모색하는 문제해결 능력을 키울 수 있다. 더불어 숙명토론대회에 참가한 학생들은 공동체의 가치에 대해 열린 마음으로 소통할 수 있는 계기를 경험하게 된다.

숙명토론대회는 교육토론 방식의 하나인 칼 포퍼식 토론을 따르되, 참가 학생들의 토론 능력 신장을 위해 약간의 변형을 거친 방식을 활용한다. 첫 번째 변형은 칼 포퍼식에서 세 번째 토론자의 발언이 한 번 뿐이라는 점에 착안하여 최종발언을 둠으로써 동등한 발언 기회를 부여하는 방식이다. 이는 양측 각 3명의 토론 참가자에게 동등한 발언 기회를 부여하는 데서 나아가 토론자들이 자기 측의 주장을 한 번 더 확고히 정리하고 청중의 마음을 움직일 수 있는 기회를 제공한다. 두 번째 변형은 토론 참가자들이 논제와 관련된 정보를 자신의 것으로 소화했는가의 여부를 파악하기 위해 '자유토론' 시간을 둔 방식이다. 토론 참가자들은 순서와 역할이 정해진 기존의 토론 방식을 취하면서도, 상대 측의 논리를 논파할 수 있는 발언권을 자유롭게 구사함으로써 역동성 있게 토론할 기회를 갖게 된다.

역대 논제

2002년부터 시작된 숙명토론대회는 2017년 16회에 이르기까지 당시 사회의 쟁점들을 논제로 선정함으로써 학생들이 나와 이웃, 그리고 사회의 문제에 귀 기울일 수 있는 기회를 제공해왔다. 역대 숙명토론대회의 참가자들은 비판적이고 분석적인 사고를 통해 얻어진 지식과 정보를 논리적으로 표현할 수 있는 능력을 갖게 되었으며, 타인과 공감할 수 있는 품성을 갖춘 숙명인으로 성장하였다. 1회부터 16회까지의 숙명토론대회 논제를 살펴보면 다음과 같다.

회차	일시	대주제	논제
1회	2002. 11 (결선 11/29)	사이버 여성 리더십	결선: 사이버공간, 성 평등 실현의 장이다 3차: 인터넷 콘텐츠의 유료화, 지금은 시기상조다 2차: 여성할당제, 확대되어야 한다 1차: 외모도 경쟁력이다
2회	2003. 11 (결선 11/28)	생명·여성 리더십	결선: 출산율 저하, 국가의 책임이다 3차: 배아복제, 허용해야 한다 2차: 안락사, 허용해야 한다 1차: 혼전순결, 지켜야 한다
3회	2004. 11 (결선 11/18)	역사·여성 리더십	결선 및 3차: 정신대 문제, 정부가 해결해야 한다 1-2차: 고구려사 문제, 민족주의로 대응해야 한다
4회	2005. 5 (결선 5/17)	민주주의 여성 리더십	결선 및 3차: 여성할당제, 사기업에도 시행되어야 한다 1-2차: 국책사업, 여론에 따라야 한다
창학 100주년 기념	2006. 5 (결선 5/16)		(전국대회) 사교육, 개인의 선택에 맡겨야 한다
5회	2006. 11 (결선11/16)	교육·여성 리더십	체벌, 교육의 수단이다
6회	2007. 5 (결선 5/25)	통일·여성 리더십	남북통일, 해야 한다
7회	2008. 5 (결선 5/27)	문화·여성 리더십	스크린쿼터, 해야 한다
8회	2009. 5 (결선 5/19)	경제·여성 리더십	감세정책, 필요하다
9회	2010. 5 (결선 5/18)	복지·여성 리더십	학교 무상급식, 전면 실시해야 한다
10회	2011. 5 (결선 5/27)	정의·여성 리더십	비정규직 문제, 시장에 맡겨야 한다
11회	2012. 5 (결선 5/24)	소통·여성 리더십	SNS 규제, 필요하다

회차	일시	대주제	논제
12회	2013. 5 (결선 5/23)	교육·경제 리더십	대학, 취업 준비 기관이다
13회	2014. 5 (결선 5/23)	성장·행복 리더십	한국사회 경쟁구조, 불행의 근원이다
14회	2015. 5 (결선 5/27)	광복 70년 을 다시 생 각한다	한국사 교과서, 국정화해야 한다
15회	2016. 5 (결선 5/25)	-	인공지능, 미래의 재앙이다
16회	2017.5 (결선 5/25)	-	4차 산업혁명 시대에 긱경제(Gig Economy), 적극 수용해야 한다
17회	2018.5 (결선 5/24)		가상화폐, 투기의 대상이다

진행 순서

　　숙명토론대회 방식은 자유토론을 포함하느냐의 여부에 따라 두 가지 유형으로 구분된다. 자유토론을 포함하지 않은 유형은 제1회 토론대회부터 제9회 토론대회까지 사용되었던 기본 방식이다. 제10회 토론대회부터는 자유토론을 포함하는 방식이 채택되었다.

가 숙명토론대회 토론 진행 순서 (1회에서 9회까지)

찬성 측 토론자		반대 측 토론자
갑 입론 (6)	⋯▶	을 확인질문 (3)
	⋮	
을 확인질문 (3)	◀⋯	갑 입론 (6)
⋮		
병 반론1 (5)	⋯▶	갑 확인질문 (3)
	⋮	
갑 확인질문 (3)	◀⋯	병 반론1 (5)
⋮		
을 반론2 (5)	⋯▶	을 반론2 (5)
	↙	
병 최종발언 (3)	⋯▶	병 최종발언 (3)

*괄호 안의 숫자는 배정된 시간 (단위 : 분)

나 자유토론이 포함된 숙명토론대회 토론 진행 순서 (10회 대회 이후)

찬성 측 토론자		반대 측 토론자
갑 입론 (4)	⋯▶	을 확인질문 (3)
	⋮	
을 확인질문 (3)	◀⋯	갑 입론 (4)
⋮		
병 반론1 (3)	⋯▶	갑 확인질문 (3)
	⋮	
갑 확인질문 (3)	◀⋯	병 반론1 (3)
	팀별 숙의시간 (1)	
	자유토론 (14)	
	팀별 숙의시간 (1)	
을 반론2 (3)	⋯▶	을 반론2 (3)
	↙	
병 최종발언 (3)	⋯▶	병 최종발언 (3)

부록 2

02

토론 방식 유형 : 칼 포퍼식

특징

㈎ 비판적 합리주의

칼 포퍼(K. Popper)는 과학철학적 입장에 근거하여 비판적 합리주의를 발전시켰다. 비판적 합리주의는 기본적으로 인간의 이성이 언제나 오류를 범할 가능성을 가지고 있으므로 지식이나 주장은 항상 잠정적이고 가설적인 성격을 갖는다는 생각에 기초하고 있다. 모든 지식, 신념 등은 비판적 시험과 논의의 장에 항상 열려 있어야 하며, 그러한 비판을 통해서 오류를 줄여나갈 수 있다는 것이 곧 비판적 합리주의자의 입장이다. 칼 포퍼식은 토론을 통하여 이러한 비판적 합리주의자의 태도를 익힐 수 있도록 고안된 형식이며, 1994년 열린 사회 연구소와 소로스재단에 의해 만들어졌다. 이 토론 방식은 본래 미국의 중·고등학교 학생들이 비판적으로 사고하고 자신의 생각을 논리적으로 표현하며 다른 사람의 의견을 수용할 수 있는 자세를 갖도록 하기 위해 만들어졌다. 국제토론협회(International Debate Education Association: IDEA)에서 주관하는 대회는 거의 모두 이 방식을 취하고 있다.

나 반론 중심의 토론 형식

칼 포퍼식 토론에서 각 팀은 세 명으로 구성되는데, 각 팀은 기본적으로 한 번의 입론 기회와 두 번의 반론 기회를 갖게 된다. 특히 각 팀이 하게 되는 입론과 첫 번째 반론에 대해 상대 팀은 확인질문을 하게 되는데, 이는 상대 팀 주장의 허점을 반박할 수 있는 단서를 끌어내기 위한 과정이다. 아울러 입론의 두 배에 해당하는 시간을 확인질문과 반론에 할애하고 있는 것은 칼 포퍼식 토론이 '각 팀은 어떤 주장을 하는가'보다 '각 팀의 주장이 타당한가 또는 어떤 근거를 가지고 주장을 하는가'에 더 많은 관심을 두고 있음을 나타낸다. 즉, 자신의 주장에 대하여 합리적 비판을 통한 시험이나 검증을 충분히 받겠다는 의도가 이러한 시간 배분의 형식에 반영되어 있는 것이다.

다 증명 혹은 반론의 부담

칼 포퍼식 토론에서는 찬반 양측이 자신들의 주장에 대해 비슷한 정도의 증명 부담을 갖게 된다. 따라서 상호 간의 대립이 팽팽한 대칭적인 논제를 다루는 데 적합한 형식이다. 발언 순서를 보면 찬성 측이 먼저 입론을 시작하지만 반대 측의 반론으로 끝나게 되어 있어 양측에 공평하다. 그리고 양측 모두 상대방의 주장에 대한 반론의 부담을 지며, 상대방의 주장에 대하여 적극적인 반론을 전개하지 않을 경우 상대방의 주장을 인정하는 것으로 간주된다. 따라서 적절한 반론을 펴기 위해서는 상대방의 주장을 주의 깊게 경청할 필요가 있다.

라 구성원 간의 유기적 협조

칼 포퍼식 토론에서는 세 명이 한 팀으로 구성되며, 팀 구성원 간의 유기적인 협조가 요구된다. 또한 구성원 간의 역할 분담이 분명하기에 각자 자신이 맡은 바 역할에 충실해야 한다. 물론 서로 간의 역할이 다르므로 토론 중 갑자기 떠오르는 생각을 발언할 적절한 기회를 찾지 못할 수도 있다. 이 경우 다른 팀원이 자신의 생각을 대신 발언해 줄 수 있도록 서로 긴밀히 협조해야 한다.

진행 순서

칼 포퍼식 토론에서는 각 팀에 한 번의 입론 기회만 있고 반론에서 새로운 논거를 언급할 수 없기 때문에 언급할 내용을 입론에 잘 구성해 포함시켜야 한다. 첫 번째 반론의 경우 다음 발언과 관련이 있기 때문에 확인질문이 주어지지만, 두 번째 반론은 확인질문이 없다는 점에 유의해야 한다. 토론자 갑, 을, 병 중 병에게는 발언 기회가 한 번밖에 주어지지 않기 때문에 병은 팀의 주장 역할을 하면서 전체 토론의 흐름을 잘 살펴 구성원에게 도움을 주어야 한다.

부록 2 - 03 - 토론 방식 유형 : 세다(CEDA)식

특징

가 상호 교차적인 의사소통

세다(CEDA : Cross Examination Debate Association)식은 미국의 대학 간 토론대회에서 가장 널리 사용되고 있는 교육 토론 방식이다. 세다식 토론에서 모든 토론자는 각각 한 번씩의 입론과 확인질문, 반론의 기회를 갖게 된다. 토론 참가자에게 세 차례 고루 발언할 수 있는 기회가 주어지는 것이다. 따라서 토론 참가자의 개인별 스피치 능력이 두드러지게 비교될 수 있다. 이 방식의 토론에서는 상대방의 주장과 발언 내용에 대한 확인질문을 행하는, 즉 각 토론자들 상호 간에 번갈아가며 논의를 점검하는 직접적인 의사소통 방식이 중시된다.

나 확인질문의 역동성

세다식의 핵심은 4차례에 걸친 확인질문(cross examination)을 통해 상대방의 입론 혹은 논리에 나타나는 문제점과 오류를 집중적으로 부각시키는 데 있다. 반론을 준비하는 예비활동에 해당하는 확인질문은 자신들의 입장과 배치되는 상대방 주장의 논리적인 문제점을 드러낼 기회다. 즉, 찬성 및 반대 측의 토론자 갑과 을이 상호 교차하는 방식으로 질문을 던지면서 상대방의 진의를 확인하고, 논제와 관련하여 자신이 동의하지 않는 부분을 분명히 드러내거나 오류를 지적하면서 자료 조사가 충실히 이루어졌는지 구체적인 증거나 출처 등에 관해 확인하는 과정인 것이다. 세다식의 가장 큰 특징은 효과적인 확인질문을 통해 상대방 논리의 취약성과 자료 출처의 명확성 부분에서 나타나는 문제를 부각시키는 데 있다.

다 구체적인 증거 제시

각 토론자들은 청중과 심사위원을 설득하기 위해 충분한 논거를 개발하고, 최근 자료 가운데 가장 가치 있고 출처가 정확한 증거만을 제시해야 한다. 이때 본인의 주장을 입증하기 위해 인용한 자료의 출처를 명확하게 밝히는 것을 원칙으로 한다. 예컨대, "J일보 2005년 10월 1일자 사설에 따르면, ~하다", "2004년도 『국제정치논총』 제44집 2호에 실린 ○○○의 논문에 의하면, ~이다" 와 같은 형태로 시작해야 한다.

진행 순서

세다식에서는 찬성 반대 각각 2명이 한 팀으로 구성된다. 전체 토론 시간은 약 60분을 상회하는데, 이는 크게 입론 및 확인질문과 반론으로 나뉜다. 세다식은 각 팀의 갑과 을이 서로 교차하여 상대방 발언에 대해 확인질문하고 반박하는 구조다. 각 토론자의 발언 순서와 역할, 발언 횟수, 시간 등에 토론규칙이 엄격하게 적용된다.

세다식은 찬성 측에서 시작하여 찬성 측의 발언으로 끝난다. 항상 논제에 대해 현상 변경의 필요성과 문제를 제기하는 쪽이 찬성 측이므로 입론을 먼저 하고 반론을 나중에 하게 되는 것이다. 대신 반대 측은 기회 균등의 원칙에 입각하여 반론을 통해 반박할 수 있는 기회를 먼저 얻는다.

실제 토론을 진행할 경우 심사위원을 중심으로 왼편에 찬성 측 첫 번째 토론자인 갑이 앉고, 찬성 측 두 번째 토론자인 을이 그 옆에 자리한다. 중앙에 발언대가 있으며, 그 오른편에는 반대 측 첫 번째 토론자인 갑이 앉고, 반대 측 두 번째 토론자인 을이 가장 오른 쪽에 자리하게 된다. 각 토론자는 발언대 중앙에 서서 주장을 전개하는데, 이때 준비해온 자료를 참고하면서 발언할 수 있다. 각 토론자는 청중 및 심사위원을 바라보고 설득하는 형태로 발언하게 된다. 확인질문의 경우에도 역시 찬성과 반대 토론자가 함께 발언대에 서서 상대방과 심사위원을 동시에 바라보고 질의 응답하는 것이 원칙이다.

부록 2 - 04 - 토론 방식 유형 : '숙명독서토론대회' 방식

특징

2007년부터 20011년까지 숙명여자대학교 의사소통센터(현 기초교양학부)와 교보문고는 대산문화재단의 후원 아래 전국의 고등학교·대학교 학생을 대상으로 '교보·숙명 전국독서토론대회'를 개최했다. 이 대회는 고등부와 대학부로 나누어 진행되었고, 선정된 도서를 읽고 논제를 스스로 찾아 토론 하는 방식으로 진행되었다. 5차례에 걸쳐 이루어진 숙명독서토론대회의 역대 논제를 보면 다음과 같다.

회차	일시	대주제 및 지정도서	
제1회	2006년 5월 16일 (월)	폭력에 대한 성찰	
		전상국 『우상의 눈물』 르네 지라르 『폭력과 성스러움』 에리히 프롬 『자유에서의 도피』 프란스 드 발 『내 안의 유인원』	
		* 제1회는 대학생만을 대상으로 진행	
제2회	2007년 11월 4일 (일)	개인의 자유와 공동체	
		고등부	존 스튜어트 밀 『자유론』 조세희 『난장이가 쏘아올린 작은 공』
		대학부	프리드리히 하이예크 『노예의 길』 존 롤즈 『정의론』 장하준 『국가의 역할』 이청준 『당신들의 천국』
제3회	2008년 11월 22일 (토)	세계화시대 민족과 민족주의	
		고등부	브루노 레온 『민족주의』 박노자·허동현 『열강의 소용돌이에서 살아남기』
		대학부	베네딕트 앤더슨 『상상의 공동체』 임지현 『민족주의는 반역이다』 황석영 『손님』 김영명 『우리 눈으로 본 세계화와 민족주의』
제4회	2009년 11월 14일 (토)	자본주의에 대한 성찰	
		고등부	밀턴 프리드만 『자본주의와 자유』 리처드 세넷 『뉴캐피털리즘』
		대학부	토머스 프리드먼 『세계는 평평하다』 조지프 스티글리츠 『인간의 얼굴을 한 세계화』

회차	일시	대주제 및 지정도서	
제5회	2010년 11월 13일 (토)	다문화에 대한 성찰	
		고등부	마르코 마르티니엘로 『현대사회와 다문화주의』 서경식 『고통과 기억의 연대는 가능한가』
		대학부	웬디 브라운 『관용』 박범신 『나마스테』
제6회	2011년 11월 12일 (토)	인간의 자연 vs. 자연의 인간	
		고등부	에른스트 슈마허 『작은 것이 아름답다』 게리 스나이더 『지구, 우주의 한 마을』
		대학부	제임스 러브록 『가이아의 복수』 안드레아스 베버 『자연이 경제다』
제7회	2012년 11월 10일 (토)	대중문화의 안과 밖, 톺아보기	
		고등부	스티븐 존슨 『바보상자의 역습』 노명우 『텔리비전 또 하나의 가족』
		대학부	움베르토 에코 『스누피에게도 철학은 있다』 발터 벤야민 『기술복제시대의 예술작품』

일반적 토론과 독서토론

가 일반적 토론의 특징

일반적으로 토론은 개인이나 집단 간에 대립이나 갈등, 즉 의견의 불일치가 존재한다는 전제에서 출발한다. 따라서 토론의 논제는 현재 사회적 이슈가 되고 있는 우리의 문제, 즉 시의성·공공성·대립성이 있는 것으로 선정된다.

토론은 토론의 참여자들이 자신의 주장을 말하고, 다양한 근거를 통해 자기 측 주장의 타당성을 입증해 가는 과정을 거치게 된다. 이때 토론은 어떤 문제나 쟁점에 대한 논증 양식의 대화라고 정의될 수 있다. 토론은 심포지엄이나 콜로키엄을 포함하는 넓은 의미로 파악할 수도 있지만, 일반적으로 좁은 의미의 '찬반토론'을 지칭하는 경우가 대부분이다.

토론은 보통 입론, 확인질문, 반론, 숙의시간 등을 거친다. 그 과정에서 사회적으로 대립과 갈등을 드러내는 논제를 선정해 찬반 양 팀이 자기 측 주장의 타당성을 입증하기 위해 다양한 근거를 제시하는 논증 활동을 펼치게 된다. 이때 토론 참여자에게 요구되는 것은 새로운 자료의 발굴과 해석, 그리고 자신만의 논리를 개발하는 비판적 사고다. 그리고 토론의 결과로서 양 팀 주장의 타당성 여부를 판단하는 일은 청중의 몫이 된다.

나 독서토론의 특징

독서토론이란 독서를 바탕으로 이루어지는 토론을 말한다. 독서는 우리에게 독서를 통한 사유 능력을 계발하고, 고급 정보 습득의 기회를 제공하며 지식을 창의적으로 구성하게 한다. 이와 같은 독서의 효과는 독서토론을 통해 더욱 강화될 수 있다. 즉, 다른 사람과의 토의를 통해 저서 이해 능력을 심화시킬 수 있고, 논의해야 할 주제를 능동적으로 도출할 수 있으며, 주제와 관련해 자신의 입장을 제시하는 능력을 키울 수 있다. 특히 게임(대회/수업) 토론은 저서에 대한 정확한 해석과 새로운 지식을 구성하는 능력을 바탕으로 한다는 점에서 교육적 의미를 갖는다.

독서토론의 방법

㉮ 문학 텍스트

❶ 준비 단계
　　요약에는 이야기 전개 순서대로 내용을 정리하거나 갈등을 중심으로 내용을 정리하는 방법, 그리고 중심인물의 말과 행위에서 중요한 변화의 순간에 초점을 맞추어 내용을 정리하는 방법 등이 있다. 요약은 독자가 저자의 의도를 어떻게 파악했는지를 드러내는 것으로 독서토론을 위한 준비 단계에 해당한다.

❷ 논제 찾기
　　문학 텍스트의 경우 토론 논제는 텍스트 내에서 찾아야 한다. 특히 텍스트 해석에서 불분명한 부분, 해석이 엇갈리는 부분, 새로운 해석이 요구되는 부분 등에서 논제를 찾는 것이 좋다. 이는 좋은 논제 찾기가 텍스트를 풍부하고 다양하게 해석하는 데 도움을 줄 수 있다는 것을 뜻한다. 단 문학 텍스트에도 논리가 있으므로 텍스트에 대한 정확한 독해는 필수적이다. 기법(아이러니와 같은 수사법), 뉘앙스의 차이 등에 주목하지 않으면 엉뚱하게 해석할 우려가 있다.

● 효과적인 논제 찾기의 방법

- 반전이나 주제와 제목의 연관성에 주목한다
- 저자가 그려낸 현실이 얼마만큼 현실의 탐색에 기여하고 있는지, 재구성된 현실은 실제 사회의 문제를 드러내는 데 효과적이었는지에 주목한다
- 문학 텍스트의 경우 공감적 독서가 우선이기 때문에, 그리고 고전 텍스트의 경우 이미 검증이 끝났기 때문에 '텍스트 자체에 대한 비판'은 큰 의미가 없다. 다만 최근 텍스트이거나 한 사회의 가치/신념에 논란을 일으킨 텍스트라면, 내재적/외재적 비판을 가할 수 있다
- 해당 텍스트가 현재라는 시간, 공간, 특정 시기 및 장소 등과 어떻게 조우하는지에 주목한다
- 저자의 문제의식이 다른 시기의 텍스트들과 어떤 관련성이 있는지에 주목한다

나 비문학 텍스트

❶ 준비 단계

저서의 내용을 논증 구조, 곧 '결론(주장) + 전제(근거)'로 제시한다. 아무리 복잡한 저서라도 논증 구조를 찾아낸다면 쉽게 그 핵심을 정리해낼 수 있다.

● 논증 구조 쉽게 찾기

■ 책의 서문 또는 서론에 '중심 질문'이 있다
■ 이 질문에 대해 저자가 내리는 답이 곧 논증 구조의 주장/근거다

❷ 논제 찾기

비문학 텍스트, 즉 인문·사회과학 텍스트의 토론 논제는 좋은 논증인지 여부를 따지는 것이 핵심이다. 논증은 타당하고 건전해야 한다. 전제(근거, 이유)가 주장과 관련되는 것인지, 근거 자체가 거짓이거나 부족한 것인지를 확인할 필요가 있다.

논제는 텍스트 분석과 비판적 이해에 도움을 줄 수 있어야 한다. 상식적인 텍스트 이해에 기초한 질문은 의미가 없다. 텍스트를 분명히 이해한다면 어떤 논제를 던져야 할지 알 수 있다.

논제는 저서 내용에 바탕을 두어야 한다. 해당 저서가 아닌 다른 저서에 근거해 핵심 질문을 던져서는 안 된다. 또한 2차 연구물에 의존한 논제를 던져서도 안 된다.

● 효과적인 논제 찾기의 방법

■ 저서의 핵심이 무엇인지에 주목한다
■ 책의 논증 구조에 주목한다. 논증 자체에 모순이 없는지, 신념이나 가치가 저열하지는 않은지, 논증에 설득력은 있는지, 논증을 분석하는 방법에 문제가 없는지를 파악한다

- 저서나 저자의 가치와 신념에 대해 비판할 수 있다. 단 저서의 내용과 관계없는 비판을 해서는 안 된다
- 해당 저서의 논리를 그대로 적용하거나 확장했을 때 문제점이 없는지에 주목한다. 저술 시기와 현재의 차이, 저술 된 사회와 우리 사회와의 차이 등에 주목한다

진행 순서

　　　　　　숙명독서토론대회는 학생들의 독서토론 문화 개선을 위해 개최되었다. 독서의 과정이란 텍스트의 내용을 이해하고 저자의 숨겨진 의도를 파악하는 단계에 머무르지 않고, 독자의 입장에서 저자의 의도를 비판적으로 검토하고 이를 자신의 것으로 내면화하는 단계까지를 포괄한다. 숙명독서토론대회를 진행하면서 토론 참여자들이 온전한 독서의 과정을 체험할 수 있도록 논제 선정에서부터 대회 진행 방식에 이르기까지 다양한 탐구가 사전에 행해졌다. 다음에 제시된 독서토론 진행 순서는 그와 같은 탐구 속에서 여러 번의 수정을 거듭한 끝에 마련된 것이다.

가 진행 순서

논제	비판팀	옹호팀
텍스트 논제 1	① 갑 논제제시 1 (3분)	
		② 을 확인조사 (2분)
		③ 갑 반론 (3분)
	④ 자유토론 (8분)	
텍스트 논제 2		⑤ 갑 논제제시 2 (3분)
	⑥ 을 확인조사 (2분)	
	⑦ 갑 반론 (3분)	
	⑧ 자유토론 (8분)	
심화논제	논제제시 및 숙의시간 (3분)	
	⑨ 을 입장표명 (3분)	
		⑩ 을 입장표명 (3분)
	⑪ 자유토론 (10분)	

나 단계별 진행 방식

❶ 토론 진행 방식
- 토론은 두 개의 '텍스트 논제'에 대한 토론과 '심화 논제'에 대한 토론으로 이루어진다
- '텍스트 논제 1'에 대한 토론은 비판 팀의 논제 제시부터 시작하며, 옹호 팀의 확인조사와 반론, 그리고 두 팀의 자유토론으로 마무리된다
- '텍스트 논제 2'에 대한 토론은 옹호 팀의 논제 제시부터 시작하며, 비판 팀의 확인조사와 반론, 그리고 두 팀의 자유토론으로 마무리된다
- '심화 논제'에 대한 토론은 비판 팀의 입장 표명과 옹호 팀의 입장표명으로 시작하며, 두 팀의 자유토론으로 마무리한다

❷ 토론자의 역할
①에서 비판 팀 갑은 텍스트의 핵심적인 관점이나 저자의 입장을 비판하는 논제를 제시
②에서 옹호 팀 을은 비판 팀 갑의 비판이 텍스트에 근거하고 있는지, 용어 규정이 분명하고 정확한지, 해석의 정합성을 갖추고 있는지 확인 (이에 대해 비판 팀 갑은 간략하게 답변)
③에서 옹호 팀 갑은 텍스트와 확인조사에 근거해 상대측의 주장과 논리 및 해석의 정합성을 반론
④의 자유토론에서 모든 토론자들은 자유롭게 확인조사, 반론, 재반론 등 다양한 발언을 하되, 탁구경기처럼 비판 팀, 옹호 팀이 서로 주거니 받거니 한 번씩 발언 (팀 내 추가발언 금지)
⑤에서 옹호 팀 갑은 텍스트의 핵심적인 관점이나 저자의 입장을 옹호하는 논제를 제시
⑥에서 비판 팀 을은 옹호 팀 갑의 비판이 텍스트에 근거하고 있는지, 용어 규정이

분명하고 정확한지, 해석의 정합성을 갖추고 있는지 확인 (이에 대해 옹호 팀 갑은 간략하게 답변)

⑦에서 비판 팀 갑은 텍스트와 확인조사에 근거해 상대측의 주장과 논리 및 해석의 정합성을 반론

⑧의 자유토론에서 모든 토론자들은 자유롭게 확인조사, 반론, 재반론 등 다양한 발언을 하되, 탁구경기처럼 비판 팀, 옹호 팀이 서로 주거니 받거니 한 번씩 발언 (팀 내 추가발언 금지)

⑨에서 비판 팀 을은 주어진 심화논제에 대해 텍스트를 비판하는 관점에서 팀의 입장을 표명하고 필수쟁점을 던짐

⑩에서 옹호 팀 을은 주어진 심화논제에 대해 텍스트를 옹호하는 관점에서 팀의 입장을 표명하고 필수쟁점을 던짐

⑪의 자유토론에서 모든 토론자들은 자유롭게 확인조사, 반론, 재반론 등 다양한 발언을 하되, 탁구경기처럼 비판 팀, 옹호 팀이 서로 주거니 받거니 한 번씩 발언 (팀 내 추가발언 금지)

❸ 주요 심사 기준

- 텍스트 논제 (텍스트 내적 논거에 준함)
    - 논제제시 : 텍스트에 충실한가, 논리적인가, 창의적인가
              텍스트의 필수쟁점을 효과적으로 제시하였는가
    - 확인조사 : 텍스트에 충실한가, 논리적으로 명확한가
              상대방 주장의 타당성을 충분히 확인하였는가
    - 반   론 : 텍스트에 근거하고 있는가, 제시된 문제를 효과적으로 반박하였는가
    - 자유토론 : 저서의 내용에 기초해 팀의 입장을 효과적으로 옹호 혹은 반론했는가
              상대방의 주장과 근거를 논리적으로 반박했으며 팀원 간의 협력은

     잘 이루어졌는가

- 심화 논제 (텍스트 외적 현실에 적용함)
  - 입장표명 : 심화논제를 제대로 이해하였는가

    주제에 근거하여 자기 팀의 입장에서 필수쟁점을 효과적으로 제시하였는가
  - 자유토론 : 저서의 내용에 기초해 팀의 입장을 효과적으로 옹호 혹은 반론했는가

    상대방의 주장과 근거를 논리적으로 반박했으며 팀원 간의 협력은 잘 이루어졌는가

숙명 독서토론대회 평가서

학과: 학번: 이름: 심사결과: 팀 승(勝)

단계	발언 구분	비판 ( ) 팀	옹호 ( ) 팀
공통 항목			
텍스트 논제 1	논제제시1	①	
	확인조사1		②
	반론1		③
	자유토론1	④	④
텍스트 논제 2	논제제시2		⑤
	확인조사2	⑥	
	반론2	⑦	
	자유토론2	⑧	⑧
심화 논제	입장표명	⑨	⑩
	자유토론3	⑪	⑪

비판적 사고와 토론

참고문헌

강태완 외, 『토론의 방법』, 커뮤니케이션북스, 2001.

김경훤 외, 『창조적 사고 개성적 글쓰기』, 성균관대출판부, 2006.

김동구, 「중세 대학연합의 설립과 발전」, 『교육발전』 18권 1호, 서원대학교 교육연구소, 2000.

김용학, 『사회 구조와 행위』, 나남, 1992.

김유경, 「중세유럽 대학의 자유」, 『서양사론』 74호, 한국서양사학회, 2002.

김중기, 「중세대학의 기원에 관한 고찰」, 『역사와 사회』 25호, 원광대학교 채문연구소, 2000.

다니엘 벨, 『교양교육의 개혁』, 송미섭 옮김, 한국학술정보, 2004.

데이비드 덴비, 『호메로스와 테레비』, 황건 옮김, 한국경제신문사, 1998.

동국대 교양교육원, 『고전으로 가는 길』, 아카넷, 2007.

로버트 올리버, 『민주적 생활을 위한 효과적 연설법』, 홍순철 옮김, 민중서관/문교부, 1958.

린다 플라워, 『글쓰기의 문제해결 전략』, 원진숙·황정현 옮김, 동문선, 1998.

마크 고울스톤, 『뱀의 뇌에게 말을 걸지마라』, 황혜숙 옮김, 타임비즈, 2010.

막스 베버, 『프로테스탄티즘의 윤리와 자본주의의 정신』, 박성수 옮김, 문예출판사, 1988.

문병용, 『오바마의 설득법』, 길벗, 2009.

박명림, 『한국 전쟁의 기원과 발발』, 나남, 1996.

박성창, 『수사학』, 문학과지성사, 2000.

박수자, 「대학 독서 교육의 조명」, 『독서연구』 제12호, 한국독서학회, 2004.

박승억·신상규·신희선·이광모, 『토론과 논증』, 형설출판사, 2005.

박연호, 「자유교육의 전통에서 본 하버드 대학의 교양과정 개혁」, 『교육사상연구』 24권 2호, 한국교육사상연구회, 2010.

박영신, 『사회학 이론과 현실 인식』, 민영사, 1992.

박인찬, 「[교양교육, 어디로 가나] 교양담당부서 통합한 숙명여대」, 『교수신문』, 2010. 7. 12.

박정일, 「토론의 개념과 의사소통」, 『의사소통 교육의 실제와 전망』, 숙명여대 리더십교양학부/의사소통능력개발센터 주최 학술발표회 발표문집, 2005.

배수찬, 『근대적 글쓰기의 형성 과정 연구』, 소명출판, 2008.

버지니아 울프, 『자기만의 방』, 이미애 옮김, 예문, 1990.

브라운, H. I., 『새로운 과학철학』, 신중섭 옮김, 서광사, 1987.

사와다 아키오, 『논문과 리포트 잘 쓰는 법』, 이명실 옮김, 들린아침, 2005.

사이먼 마이어·제레미 쿠르디, 『위대한 연설 100: 그들은 어떻게 말로 세상을 움직였나』, 이현주 옮김, 쌤앤파커스, 2010.

서정혁, 「대학교육의 목적에 대한 비판적 고찰」, 『헤겔연구』 21호, 한국헤겔학회, 2007.

손동현, 「교양교육의 새로운 위상과 그 강화 방책」, 『교양교육연구』 3권 2호, 한국교양교육학회, 2009.

손승남, 『인문교양교육의 원형과 변용』, 교육과학사, 2011.

숙명여대 의사소통능력개발센터, 『글 읽기와 쓰기』, 숙명여대 출판부, 2005.

신상규, 「독서토론을 활용한 인문학 교육」, 한국사고와표현학회 4회 학술대회발표문집, 2008.

신의항, 「미국대학의 고전읽기교육: 세인트존 대학과 노트르담 대학 사례를 중심으로」, 『열린지성』 16호, 서울대학교 기초교육원 웹진, 2009.

알렉산더, 제프리 C., 『현대 사회이론의 흐름』, 이윤희 옮김, 민영사, 1993.

에드워드 데이머, 『엉터리 논리 길들이기』, 김회빈 옮김, 새길, 1999.

에밀 뒤르케임, 『사회학적 방법의 규칙들』, 윤병철·박창호 옮김, 새물결, 1999.

엔서니 웨스턴, 『논증의 기술』, 이보경 옮김, 필맥, 2004.

유정아, 『유정아의 서울대 말하기 강의』, 문학동네, 2009.

윤성주, 「미국 문리대 학부 교육의 현황과 전망」, 『교양교육연구』 1권 1호, 한국교양교육학회, 2007.

이광모, 「인문학에 대한 G. 비코의 이념과 교육방법」, 『헤겔연구』 26호, 한국헤겔학회, 2009.

이광모·이황직·서정혁, 『논증과 글쓰기』, 형설출판사, 2006.

이광주, 『대학의 역사』, 살림, 2008.

이기홍, 「설명적 사회과학과 글쓰기」, 한국산업사회학회 비판사회학대회발표문, 2005.

이명실, 「대학에서의 독서지도를 위한 교재 구성과 활용」, 『독서연구』 제10호, 한국독서학회, 2003.

이창덕 외, 『삶과 화법』, 박이정, 2000.

이창덕 외, 『발표와 연설의 핵심 기법』, 박이정, 2008.

이황직, 「교양에서 시민으로: 뒤르케임 교육론의 함의」, 『뒤르케임을 다시 생각한다』, 동아시아, 2008.

이황직, 「교양인문학교육의 방향과 교과: '인문학 독서토론'과목을 중심으로」, 숙명여대 의사소통센터 주최 학술대회 발표문, 2008.

이황직, 「참여민주주의와 의사소통적 시민 참여」, 『한국의 사회개혁과 참여민주주의』, 서울경제경영, 2006.

전영우, 『한국근대토론의 사적 연구』, 일지사, 1991.

정병기, 『사회과학 글쓰기』, 서울대학교 출판부, 2005.

정수복, 『시민의식과 시민참여』, 아르케, 2001.

정진석 편저, 『독립신문·서재필 문헌해제』, 나남출판, 1996.

정희모·이재성, 『글쓰기의 전략』, 들녘, 2005.

조혜정, 『탈식민지 시대 지식인의 글 읽기와 삶 읽기』(1~3권), 또하나의문화, 1992~1994.

차배근, 『화법』, ㈜지학사, 2003.

차하순, 「전환기에서의 대학교양교육의 방향」, 『교양교육연구』1권 2호, 한국교양교육학회, 2007.

천대윤, 『토론문화쇼크』, 선학사, 2004.

최미리, 『미국과 한국 대학의 교양교육 비교』, 양서원, 2001.

최선영, 「대학이념의 변천」, 『연구논문집』제53집, 대구효성가톨릭대학교, 1996.

최훈, 『논리는 나의 힘』, 세종서적, 2003.

캐서린 수영 외, 『토론연습』, 김진모·류한수 옮김, 한언, 2003.

클리포드 기어츠, 『문화의 해석』, 문옥표 옮김, 까치, 1998.

키케로, 『화술의 법칙』, 양태종 옮김, 유로, 2005.

키케로, 『수사학: 말하기의 규칙과 체계』, 도서출판 길, 2006.

탁석산, 『오류를 알면 논리가 보인다』, 책세상, 2001.

테루야 하나코·오카다 케이코, 『로지컬 씽킹』, 김영철 옮김, 일빛, 2005.

하병학, 『토론과 설득을 위한 우리들의 논리』, 철학과 현실사, 1999.

한나 아렌트, 『인간의 조건』, 이진우·태정호 옮김, 한길사, 1996.

한상철, 「비판적 사고와 토론」, 『철학사상』, 서울대학교 철학사상연구소, 2004.

Browne M. N. & Keeley S. M., Asking the Right Questions: A Guide to Critical Thinking, 7th ed., New Jersey: Person Education, 2004.

David L. Vancil, Rhetoric and Argumentation, Colorado State University. Press, 1998.

Freely, A. J. & David L. Steinberg, Argumentation and Debate, Belmont, CA : Wadsworth, 2000.

John M. Ericson, James J. Murphy, and Raymond Bud Zeuschner, The Debater's Guide, Third Edition, Southern Illinois Univ. Press, 2003.

Richard D. Rieke/Malcolm O. Sillars, Argumentation and Critical Decision Making, New

York, 2001.

Stephen E. Lucas, The Art of Public Speaking, McGRAW-HILL, Inc., 1983.

Stephen Toulmin/Richard Rieke, An Introduction to Reasoning, New York 1984.

Vancil D. L., Rhetoric and Argumentation, Boston: Allyn and Bacon, 1993.

岩下貢,『ディベト戰略』,慶應義塾大學出版會, 2004.